나 혼자 간다!
여행 스페인어

나 혼자 간다! 여행 스페인어

2판 1쇄 인쇄 2019년 9월 27일
2판 1쇄 발행 2019년 10월 5일

지은이 박은주
펴낸이 서덕일
펴낸곳 문예림

출판등록 1962.7.12 (제406-1962-1호)
주소 경기도 파주시 회동길 366 (10881)
전화 (02)499-1281~2 **팩스** (02)499-1283
전자우편 info@moonyelim.com
홈페이지 www.moonyelim.com

이 책은 저작권법에 의해 보호를 받는 저작물이므로 무단 복제·전재·발췌할 수 없습니다.
잘못된 책은 구입하신 곳에서 교환해 드립니다.

ISBN 978-89-7482-834-9 (13770)
값 14,000원

나 혼자 간다!
여행 스페인어

박은주 지음

문예림

| 지은이의 말 |

스페인어는 나의 인생의 가장 값진 선물

이 책을 쓰면서 대학시절 처음 스페인 마드리드로 어학연수를 떠날 때가 떠오릅니다. 스페인에서의 첫인상은 새로운 세상에 첫 걸음마라는 가슴 두근거림과 동시에 친근한 느낌이랄까, 음식, 날씨, 문화 모두 매력적이었습니다. 그리고 대학을 졸업하고 스페인어의 또 다른 체험을 하고 싶어서 선택한 나라는 바로 멕시코였습니다. 멕시코 스페인어를 습득하고 적응하기까지 수개월의 시간이 필요했으나 멕시코에서의 5년의 통역원 생활은 스페인 언어와 문화의 지평을 넓혀 주었습니다.

스페인어에 대한 관심은 스페인 예술문화를 배우고 싶은 열망을 키웠나 봅니다. 아니 동시에 자라난 것 같습니다. 30대에 들어서면서 플라멩코를 배우기 위해서 스페인 세비야로 떠났습니다. 세비야는 그야말로 플라멩코를 사랑하는 전 세계 사람들의 꿈의 도시입니다. 세비야에서 춤을 배우면서 춤에 빠졌던 그 행복했던 나날들을 잊을 수 없습니다. 동시에 틈틈이 어학공부를 하고자 시작했던 과정이 바로 교사 양성과정이었습니다. 새로운 것을 배운다는 것은 참 마음을 설레게 합니다. 또한 학생들에게 좋은 것을 나누어 줄 수 있는 선생이라는 역할도 참 좋겠다는 생각을 하게 되었습니다. 즉 선생님이라는 직업에 대해 매력을 느끼게 되었습니다. 그래서 한국에 돌아와서 늦깎이 대학원생이 되었고, 교생실습에 논문학기를 거치면서 동분서주했던 때도 돌이켜 보게 됩니다.

저는 제가 사랑하는 스페인과 스페인어와 함께 할 수 있어서 행복했고 감사합니다. 그리고 각기 다른 동기로 스페인어를 배우고자 학원을 찾는 학생들과 함께 공부하면서 저도 많은 것을 배우고 있습니다. 그 동안의 저의 경험과 지식을 토대로 이 책에서 스페인을 여행하는 초보 여행자들도 스페인어를 쉽게 배울 수 있도록 정성과 노력을 다했습니다. 공항 출발에서부터 도착, 쇼핑, 레스토랑, 관광, 비상상황에서 사용할 수 있는 간단한 대화와 관련어휘 및 생활회화표현 위주로 구성했습니다. 어학을 공부함과 동시에 현지 여행 및 생활 정보를 얻을 수 있도록 생생 여행팁에 관련 정보와 사진들로 여행의 재미를 더하도록 노력하였습니다. 스페인이 궁금해요에서는 그동안 학생들이 궁금해 하던 질문 위주로 스페인의 문화와 생활 이야기를 재미있게 풀어놓았습니다. 저의 열정과 노력이 스페인과 스페인어의 매력적인 세계를 경험하고자 하는 분들에게 조금이나마 도움이 되었으면 하는 바램입니다.

¡Gracias a todos! 감사합니다!

그동안 녹음작업을 같이 해 준 Sergi, Verónica와 Alejandro, 예쁜 그림을 그려준 원대한(Paulo)군, 스페인에서 사진과 정보제공에 많은 도움을 준 Elisabet과 석주, Juan에게 감사드립니다.

이 책의 사진들은 저의 소중한 친구들과 그동안 함께 공부했던 학생분들이 직접 찍어서 제공해 주셨습니다. Elisabet, Juan, Sergi, 류석주, 고승기, 원대한(Paulo), 강영주(Enma), 황애량(Verónica), 김진아(Ana), 박미숙(Ángela), 정동준(Pepe), 신지희(Inés), 백지윤(Elisabet), 이재우(Jane) 등 소중한 분들께 감사드립니다.

마지막으로 이 책이 나오기까지 많은 조언과 격려를 보내주신 서여진 팀장님, 언제나 든든한 지원자인 고승기 선배와 경란 언니, 항상 기도해 주시는 부모님과 수도원에 머무는 오빠 그리고 저와 수업을 같이했던 모든 학생들에게 감사의 마음을 전합니다.

2015년 2월에, 박은주

원대한(빠울로) 〈엄마는 산티아고〉작가, 서울대학교

10여 년 전부터 엄마의 꿈이던 '산티아고 순례'를 함께 하기로 맘먹으면서 스페인어 학원을 등록했다. 6개월 정도 주리 선생님과 스페인어를 공부하고 순례를 마치고 돌아왔다. 카미노 길 위에서 보통 영어로 대화를 나누게 되지만, 스페인 현지 사람들과 바와 식당에서 손쉽게 친해질 수 있었던 것은 잠시나마 배운 스페인어 덕분이었다. 그 후 스페인어에 재미를 느껴 더 공부를 했고, 이제는 스페인 택시기사 아저씨와 수다를 떨 수 있을 정도가 되었다. 같은 시간을 들여 여행을 하지만, 언어가 조금씩 통하면 여행의 질이 순식간에 높아지는 것을 매번 느끼게 된다. 특히나 우리와 비슷한 '반도 성질'의 스페인 사람들은 스페인어로 맞장구만 쳐줘도 금세 마음을 열고 친구가 되어주었다. 이 책은 여행 필수 회화 뿐 아니라 스페인의 문화와 생활 이야기 등이 사건들과 함께 재미있게 구성되어 있어 스페인 여행의 기분을 한껏 더 느끼게 해 줄 것이다. 나도 이 책 한 권과 함께 스페인 여행의 기억을 떠올리며 다시 남미 여행을 준비하려 한다.

강영주(엔마), 웹프로그래머

산티아고 순례길과 스페인 여행을 하고 싶어 처음 스페인어 학원을 찾은 것이 계기가 되어 주리 선생님과 무려 10개월 동안 공부했다. 그 후 마드리드에서 한 달간 어학 연수를 했고 나머지 한 달간은 스페인의 주요 도시를 배낭여행 했다. 스페인어로 식당에서 음식을 주문하고, 모르는 사람에게 길도 묻고 상점에서도 스페인어를 쓰면서 물건도 살 수 있었다. 공부하면 할수록 스페인어만의 매력에 빠지게 되었고 여행뿐만 아니라 스페인어를 사용할 수 있는 직업에도 도전하고 싶다는 용기도 생겼다. 이 책이 스페인 여행 가기 전에 나왔더라면 좀 더 유용하게 사용할 수 있었을 텐데 라는 생각이 든다. 그동안 공부했던 모든 스페인어의 엑기스만을 담아 놓은 듯 각 상황별 대화와 회화패턴, 관련 어휘가 깔끔하게 정리돼 있어 초급자가 봐도 쉽게 공부할 수 있을 것 같다. 여러분들도 스페인에서 멋진 추억 많이 만들어 오시길... ¡Buen viaje!

박종진(루까스), 성균관대학교

9개월간 주리 선생님과 스페인어를 공부하고 9개월간 중남미 배낭여행을 다녀왔다. 브라질을 제외하고는 중남미의 모든 나라가 스페인어를 사용하기 때문에 여행을 직접 다녀보니 한국에서 스페인어를 배우고 오길 정말 잘했다는 생각이 들었다. 단순히 유적지를 보고 다녀가는 여행이 아니라 각 지역 사람들을 만나 그들의 문화를 좀 더 자세히 배우고 즐기려면 언어소통은 필수가 아닌가 싶다. 스페인어를 통해 많은 중남미 친구를 사귀고 대화를 나누다 보면 어느새 중남미 특유의 매력에 흠뻑 빠지게 된다. 나처럼 중남미 배낭여행을 계획하고 계신 분이라면 꼭 스페인어를 배우고 나가시길 추천한다. 주리 선생님과 함께라면 금상첨화! 이 책은 스페인어를 모르는 초보 학습자뿐만 아니라 나처럼 스페인어를 이미 학습한 학생들에게도 여행과 생활에 필요한 기초회화와 문화적 상식을 함께 얻을 수 있어 아주 유용하다. 이 책 한 권이면 혼자서도 여행을 떠날 수 있게끔 자신감을 불어넣어 주는 교재라고 생각한다.

황애란(베로니까), 주부

내 나이 50에 스페인어에 도전하며 제 2의 인생을 살게 되었다. 남편과의 출장으로 자주 스페인에 가게 되면서 바이어들과 스페인어로 의사소통을 하며 가까이 지내고 싶었다. 주리 선생님을 만나 1여년간 즐겁게 스페인어를 배울 수 있었다. 선생님의 추천지인 세비야에서 2달간 어학연수를 했다. 현지인 가정에서 생활하며 스페인 문화도 배울 수 있었다. 최근에는 남편과 40일의 산티아고 순례길을 마쳤다. 스페인어로 즐거운 담소도 나눌 수 있었고 그 행복했던 시간들을 평생 잊지 못할 것이다. 그야말로 아줌마의 즐거운 도전기였다. 스페인 속담에 "Más vale tarde que nunca" 늦더라도 안 하느니 보다 낫다 라는 속담이 있다. 여러분들도 스페인어에 한 번 도전해 보세요! 선생님의 세 번째 책 출간에 축하드리며 스페인어에 대한 열정과 노력에 항상 응원을 보낸다.

이재은, 바르셀로나 현지 유학생

스페인에서 일을 해보고 싶어서 스페인 바르셀로나로 유학 길에 오르기로 결심하고 스페인어 학원에 등록하게 되었다. 약 3개월 남짓 배우고 스페인 현지 생활을 시작해서 어느 정도 부족하다 싶긴 했지만 정말 많은 도움이 되었다. 현지 어학원에서는 알파벳이나 기초부터 시작하지 않고 일상생활회화로 바로 시작하기 때문에 한국에서 기초를 하지 않았다면 많이 힘들었을 거라는 생각이 든다. 스페인은 다른 나라 사람에 대해 배타적인 감정이 없어 서로 잘 융화되고 적극적인 편이라 스페인어 회화 실력이 빨리 느는 것 같다. 그리고 Bar(바르) 문화 덕택에 어느 바에서든 자연스럽게 친구 사귀기 좋은 나라다. 사람들도 항상 에너지 넘치고 흥이 많아서 나 역시 현지 친구들을 많이 만났고 좋은 교류를 하고 있다. 이 책에는 여행과 현지 생활에 필요한 회화표현과 어휘들이 정성스럽게 정리되어 있어 여행자들 뿐만 아니라 나와 같은 현지 유학생들에게도 유용한 교재인 것 같다. 현지 사진들과 그림들을 보는 즐거움을 더해 준다. 이 책 제목처럼 이 책 한 권만 있으면 나 혼자 여행갈 수 있다는 자신감을 불어넣어 주는 것 같다. 여러분들도 즐거운 여행과 유학생활이 될 수 있길! ¡Buena suerte!

김진아(아나), 한국 외국어 대학교 스페인어과

대학에서 스페인어를 전공하게 되면서 주리 선생님과 학원에서 처음으로 공부하게 되었다. 교환학생으로 코르도바 대학교에서 6개월간 공부했고 최근에는 한 달여간 스페인 주요도시를 여행했다. 처음엔 안달루시아 남부 사투리에 적응하는데 다소 어려움이 있었지만 스페인의 살아있는 전통과 문화를 경험하고 싶으신 분들에게는 최고의 여행지다. 스페인 여행을 계획하신다면 기초 스페인어 정도는 마스터하고 가는 게 좋다. 소도시들의 경우는 영어로 의사소통이 되지 않을뿐더러 간단한 의사소통만으로도 스페인 사람들과 쉽게 친구가 될 수 있다. 스페인과 중남미 여행을 하고 싶으나 망설이고 있는 분들은 꼭 이 책을 휴대하고 가길 권한다. 이 책은 여행 전반에 꼭 필요한 필수 대화체와 관련 어휘로 구성되어 있어 스페인 여행객들에게는 훌륭한 길잡이가 되어줄 것이라 확신한다.

박미숙(앙헬라), 전직 초등학교 교사

30여 년간의 교직생활 동안 수많은 나라들을 여행하면서 여행 마니아로 살았다. 중남미 대륙만을 남겨놓고 은퇴를 한 후 중남미 배낭여행을 계획하게 되면서 스페인어를 배우기 시작했다. 1년여 남짓 주리 선생님께 배운 후 중남미 여행 전에 스페인의 순례자의 길인 까미노를 먼저 걸어 보기로 결심하였다. 한 달 남짓 걸으면서 각 국의 친구들을 만나 스페인어로 대화를 하고 쉽게 친구가 될 수 있었다. 순례자 숙소를 스페인어로 예약하고 순례자 메뉴도 스페인어로 주문할 수 있었다. 그 길을 스페인어를 하게 되면 주민들이 더 친절해지고 여행의 묘미는 두 배, 세 배가 되는 것 같다. 순례자 길의 멋진 자연경관은 나 자신을 겸손하게 만들었고 특히 산티아고 대성당의 미사 참석의 가슴 뭉클함을 잊을 수 없다. 스페인어와 인연을 맺게 되어 또 다른 새로운 세상을 만나게 되면서 여행에 대한 나의 열정은 다시 중남미로 향하고 있다. 그래서 지금도 열심히 스페인어를 공부하고 있다. 이 책에는 여행하면서 꼭 필요한 표현과 깨알 같은 여행정보, 스페인의 재미있는 이야기가 사진, 그림과 어우러져 있어 여행갈 때 휴대하고 가면 정말 유용하게 쓰일 것 같다. 여러분들도 스페인어 열심히 공부해서 여행을 통해서 멋진 세상을 만나보세요! ¡Ánimo!

류석주(엔리께), 축구 지도자과정 유학생

축구 지도자 유학을 결심하고 스페인어를 배우게 되어 주리 선생님과 인연을 맺게 되었다. 지금은 바르셀로나에서 축구 지도자과정을 공부하고 있다. 스페인의 축구 지도자 과정은 비교적 잘 되어 있어 공립 및 사립학교를 통해 공부할 수 있다. 스페인 유학을 준비하시는 분들은 한국에서 기초문법은 공부하고 오길 권한다. 그래야 기본적인 의사소통이 가능하고 스페인어가 빨리 늘며 현지 적응이 훨씬 수월하다. 주리 선생님의 세 번째 책의 출간을 진심으로 축하 드린다. 이 책에는 여행정보, 문화, 생활 에티켓 등이 잘 정리되어 있어 스페인어권으로 여행하시는 분들은 이 책을 휴대하고 가길 권하고 싶다. 어학 공부뿐만 아니라 현지 적응에 많은 도움이 될 것이며 스페인과도 훨씬 더 친해질 수 있을 것이다.

스페인어 기초 문법　　　　　　　　　　　　　16

1. 알파벳과 발음
2. 강세
3. 명사와 관사
4. 형용사의 성과 수
5. 인칭대명사
6. 동사변화

여행 회화 필수 표현 30　　　　　　　　　　24

스페인, 중남미 지도　　　　　　　　　　　28

Capítulo 01 개인신상　　　　　　　　　　30
1. 교실　　　　　　　　　　　　　　　　　32
2. 학원 프런트　　　　　　　　　　　　　38
3. 날씨　　　　　　　　　　　　　　　　　44
4. 가족　　　　　　　　　　　　　　　　　50
5. 여가생활　　　　　　　　　　　　　　56

Capítulo 02 공항   62
6. 비행기표 예약   64
7. 공항   70
8. 비행기 기내   76
9. 입국심사   82
10. 세관   88
11. 환전소   94

Capítulo 03 호텔   100
12. 호텔에서 체크인   102
13. 호텔에서 체크아웃   108
14. 호텔 룸서비스   114
15. 호텔에서 문제 발생   120

Capítulo 04 음식   126
16. 카페   128
17. 레스토랑 예약   134
18. 레스토랑   140
19. 햄버거 가게   146
20. 전화로 피자 주문   152

Capítulo 05 쇼핑   158
21. 시장   160
22. 옷가게   166
23. 환불   172
24. 담배가게   178
25. 수공예품 가게   184

Capítulo 06 교통   190
26. 택시   192
27. 기차   198
28. 버스 정류장   204
29. 렌터카 대리점   210
30. 주유소   216

Capítulo 07 관광 및 레져   222
31. 관광 안내소   224
32. 사진 찍기   230
33. 영화관   236
34. 클럽   242

Capítulo 08 긴급상황 및 질병   248
35. 병원 예약   250
36. 병원   256
37. 약국   262
38. 경찰서   268
39. 길 잃었을 때   274

Capítulo 09 기타 서비스 장소   280
40. 미용실   282
41. 은행   288
42. 우체국   294
43. 부동산   300

이 책의 구성과 활용 방법

기초 문법

스페인어를 처음 배우는 왕초보 학습자들을 위해 스페인어 기초 문법을 간략하고 쉽게 설명해 놓았습니다.

여행 회화 필수 표현 30

여행하면서 꼭 필요한 기본 표현 30개를 정리해 보았습니다. 간결하고 쉬운 표현으로 스페인어를 모르는 여행자들도 최소한의 간단한 의사소통을 할 수 있습니다.

대화

스페인 여행 또는 생활하면서 꼭 필요한 상황을 43개의 대화체로 만들어 보았습니다. 발음은 따라하기 쉽게 한글로 발음표기하였고 스페인 원어민의 현지 스페인어를 녹음하여 누구라도 따라하기 쉬운 대화체로 구성하였습니다.

¡생생 여행팁!

여행에 도움이 되는 유용한 정보, 문화상식, 생활 에티켓 등을 꼼꼼히 수록하여 여행시 혹은 생활시에도 스페인어 학습에 도움이 되도록 구성하였습니다.

여행 및 생활 관련 필수 어휘

각 상황에서 필요한 주요 어휘들을 모아 정리하였습니다. 이 단어들만 나열하여도 초보 여행자들도 간단한 의사소통을 할 수 있습니다.

유용한 회화 표현

여행과 실생활에서 가장 많이 쓰이는 유용한 생활 회화 표현만을 골라서 정리하여 스페인 여행자나 학습자에게 도움이 되도록 했습니다.

¡스페인이 궁금해요!

스페인 여행 또는 생활하는데 필요한 스페인의 문화정보와 생활방식 등을 테마별로 정리해 놓았습니다. 스페인에 대한 기본정보, 문화, 관습 등을 알면 스페인이라는 나라가 훨씬 더 매력적으로 다가옵니다.

1. 알파벳과 발음

5개의 모음과 22개의 자음으로 이루어진다. (복합 문자 ch와 ll는 제외)

알파벳	발음
A a (a 아)	'아'와 같은 발음한다 agua 아구아 물 casa 까사 집
B b (be 베)	'ㅂ'처럼 발음한다. ba 바 be 베 bi 비 bo 보 bu 부 banana 바나나 바나나 boda 보다 결혼식
C c (ce 쎄)	e와 i 앞에서는 'ㅆ'으로, a,o,u앞에서는 'ㄲ'로 발음한다 ca 까 ce 쎄 ci 씨 co 꼬 cu 꾸 cine 씨네 영화관 cerveza 세르베싸 맥주 cama 까마 침대 comida 꼬미다 음식 cubano 꾸바노 쿠바남자
CH ch (che 체)	'ㅊ'으로 발음한다. cha 차 che 체 chi 치 cho 초 chu 추 chica 치까 젊은 여자 coche 꼬체 자동차 cuchara 꾸차라 숟가락
D d (de 데)	'ㄷ'으로 발음한다. da 다 de 데 di 디 do 도 du 두 dónde 돈데 어디에 dinero 디네로 돈 domingo 도밍고 일요일
E e (e 에)	'에'와 동일한 발음이다. este 에스떼 동쪽 esmeralda 에스메랄다 에메랄드
F f (efe 에페)	'ㅍ'발음으로 영어의 〈f〉처럼 입술을 깨물며 발음한다. fa 파 fe 페 fi 피 fo 포 fu 푸 foto 포또 사진 café 까페 커피 frijol 프리홀 콩
G g (ge 헤)	e와 i 앞에서는 강한 'ㅎ'으로, a,o,u 앞에서는 'ㄱ'으로 발음한다. ga 가 ge 헤 gi 히 go 고 gu 구 gue 게 gui 기 güe 구에 güi 구이 gente 헨떼 사람들 gimnasio 힘나시오 헬스장 guapa 구아빠 예쁜 gato 가또 고양이 guerra 게라 전쟁 guía 기아 가이드

알파벳	발음
H h (hache 아체)	무성음으로 발음하지 않는다. ha 아 he 에 hi 이 ho 오 hu 우 hola 올라 안녕 helado 엘라도 아이스크림 humo 우모 연기
I i (i 이)	'이'와 동일한 발음이다. idea 이데아 생각 inca 잉까 잉카 사람 isla 이슬라 섬
J j (jota 호따)	'ㅎ'으로 세게 발음한다. ge, gi와 동일한 발음이다. ja 하 je 헤 ji 히 jo 호 ju 후 jardín 하르딘 정원 hijo 이호 아들 ajo 아호 마늘
K k (ka 까)	'ㄲ'으로 발음하고 외래어에서만 쓰인다. ka 까 ke 께 ki 끼 ko 꼬 ku 꾸 Tokio 또끼오 도쿄 Pekín 뻬낀 베이징 Kiwi 끼위 키위
L l (ele 엘레)	'ㄹ'처럼 발음하며, 혀가 입천장에 닿는다. la 라 le 레 li 리 lo 로 lu 루 loro 로로 앵무새 lago 라고 호수 paloma 빨로마 비둘기
LL ll (elle 에예)	'ㅇ'과 'ㅈ'의 중간발음을 낸다. lla 야 lle 예 lli 이 llo 요 llu 유 llama 야마 라마동물 calle 까예 거리 lluvia 유비아 비
M m (eme 에메)	'ㅁ'과 같이 발음한다. ma 마 me 메 mi 미 mo 모 mu 무 mamá 마마 엄마 melón 멜론 멜론 moreno 모레노 갈색피부의
N n (ene 에네)	'ㄴ'과 동일한 발음이다. na 나 ne 네 ni 니 no 노 nu 누 naranja 나란하 오렌지 norte 노르떼 북쪽 número 누메로 숫자
Ñ ñ (eñe 에녜)	'n+y'와 같은 발음이다. ña 냐 ñe 녜 ñi 니 ño 뇨 ñu 뉴 mañana 마냐나 내일 niño 니뇨 어린아이 compañía 꼼빠니아 회사

알파벳	발음
O o (o 오)	'오'와 동일하게 발음한다. oso 오소 곰 oeste 오에스떼 서쪽 nombre 놈브레 이름
P p (pe 뻬)	'ㅃ'과 동일하게 발음한다. pa 빠 pe 뻬 pi 삐 po 뽀 pu 뿌 palmera 빨메라 야자수 pera 뻬라 배(과일) pobre 뽀브레 가난한
Q q (cu 꾸)	'ㄲ'과 동일한 발음이며, que와 qui의 형태로만 존재한다. que 께 qui 끼 queso 께소 치즈 equipaje 에끼빠헤 수하물
R r (erre 에레)	'ㄹ'발음으로 단어의 맨 앞이나 단어의 중간에 rr형태가 오면 혀끝을 떨어서 진동하는 발음을 낸다. ra 라 re 레 ri 리 ro 로 ru 루 rosa 로사 장미 rana 라나 개구리 ferrocarril 페로까릴 철로
S s (ese 에세)	'ㅅ' 혹은 'ㅆ'으로 발음한다. sa 사 se 세 si 시 so 소 su 수 sombrero 솜브레로 모자 sitio 시띠오 장소 sur 수르 남쪽
T t (te 떼)	'ㄸ'과 동일하게 발음한다. ta 따 te 떼 ti 띠 to 또 tu 뚜 tarde 따르데 오후 teatro 떼아뜨로 극장 toro 또로 황소
U u (u 우)	'우'와 동일한 발음이다. uvas 우바스 포도 universidad 우니베르시닫 대학교
V v (uve 우베)	'ㅂ'으로 발음하며 b와 동일한 발음이다. va 바 ve 베 vi 비 vo 보 vu 부 vaca 바까 소 tranvía 뜨란비아 전차 vino 비노 포도주
W w (uve doble 우베 도블레)	'우'와 동일한 발음이며 외래어 표기에서만 쓰인다. whisky 위스끼 위스키 Washington 워싱똔 워싱턴

알파벳	발음
X x (equis 에끼스)	자음 앞에서는 'ㅅ'으로, 모음 앞에서는 'ㄱㅅ'으로 발음한다. xa 사 xe 세 xi 시 xo 소 xu 수 xilófono 실로포노 실로폰 examen 엑사멘 시험 taxi 딱시 택시
Y y (i griega 이 그리에가)	'ㅇ'과 'ㅈ'의 중간발음을 내며 ll와 동일한 발음이다. ya 야 ye 예 y 이 yo 요 yu 유 yate 야떼 요트 yoga 요가 요가 yerno 예르노 사위
Z z (zeta 쎄따)	'ㅆ'으로 발음하며 ce, ci와 동일한 발음을 낸다. za 싸 ze 쎄 zi 씨 zo 쏘 zu 쑤 zapato 싸빠또 신발 zona 쏘나 지역 Iguazú 이구아쑤 이구아수폭포

♣ ce, ci, za, ze, zi, zo, zu는 혀를 이빨 사이로 살짝 내밀어 영어의 "θ"와 같이 발음하며, "s" 발음과 구분하기 위해 한글표기에서 "ㅆ"로 표기하였다.

2. 강세

스페인어의 모든 단어들은 강세 음절이 있으며, 아래 세 가지 법칙만 잘 기억해 두도록 한다.

1. 모음이나 n과 s로 끝나는 단어는 끝에서 두 번째 모음에 강세가 있다.
    casa 까사 집   elefante 엘레판떼 코끼리   tomate 또마떼 토마토
    examen 엑사멘 시험   Texas 떼하스 텍사스

2. n, s를 제외한 자음으로 끝나는 단어들은 맨 마지막 모음에 강세가 있다.

    hotel 오뗄 호텔   catedral 까떼드랄 대성당
    profesor 쁘로페소르 선생님

3. 강세 부호가 붙은 단어는 그 강세 음절을 강하게 발음하면 된다.
    televisión 뗄레비시온 텔레비전   música 무시까 음악
    teléfono 뗄레포노 전화

3. 명사와 관사

명사는 남성과 여성, 단수와 복수의 성.수 구별이 있다. 보통 –o로 끝나는 명사는 남성을, –a로 끝나는 것은 여성명사로 구분 짓는다. 그렇지 않은 경우는 암기를 요한다. 복수형은 모음+s를, 자음+es를 붙이면 된다.

정관사는 el(남성단수), la(여성단수), los(남성복수), las(여성복수)로 나뉘고, 부정관사는 un(남성단수), una(여성단수), unos(남성복수), unas(여성복수)로 구분 짓는다.

관사	성	단수명사	복수명사
정관사	남성	el libro 엘 리브로 그 책	los libros 로스 리브로스 그 책들
	여성	la mesa 라 메사 그 탁자	las mesas 라스 메사스 그 탁자들
부정관사	남성	un chico 운 치꼬 어떤 남자	unos chicos 우노스 치꼬스 어떤 남자들
	여성	una chica 우나 치까 어떤 여자	unas chicas 우나스 치까스 어떤 여자들

4. 형용사의 성과 수

형용사는 보통 명사 뒤에 위치하며 이 때 명사의 성과 수에 일치시켜야 한다. 보통 –o로 끝나면 남성, –a로 끝나면 여성형이며, 남성과 여성형이 동일한 경우도 있다.

단수형	
el chico guapo 잘생긴 그 남자 엘 치꼬 구아뽀 la chica guapa 예쁜 그 여자 라 치까 구아빠 el libro azul 그 파랑색 책 엘 리브로 아쑬 la mesa azul 그 파랑색 탁자 라 메사 아쑬	un chico trabajador 어떤 부지런한 남자 운 치꼬 뜨라바하도르 una chica trabajadora 어떤 부지런한 여자 우나 치까 뜨라바하도라 un libro viejo 어떤 낡은 책 운 리브로 비에호 una mesa vieja 어떤 낡은 탁자 우나 메사 비에하

복수형	
los chicos guapos 잘생긴 그 남자들 로스 치꼬스 구아뽀스 las chicas guapas 예쁜 그 여자들 라스 치까스 구아빠스 los libros azules 그 파랑색 책들 로스 리브로스 아쑬레스 las mesas azules 그 파랑색 탁자들 라스 메사스 아쑬레스	unos chicos trabjadores 어떤 부지런한 남자들 우노스 치꼬스 뜨라바하도레스 unas chicas trabajadoras 어떤 부지런한 여자들 우나스 치까스 뜨라바하도라스 unos libros viejos 어떤 낡은 책들 우노스 리브로스 비에호스 unas mesas viejas 어떤 낡은 탁자들 우나스 메사스 비에하스

5. 인칭대명사 🎧

스페인어는 주어마다 동사변화하기 때문에 주어를 생략하는 경우가 많다. tú 뚜는 '너'를 의미하며 친구, 가족, 동료들처럼 친밀도가 있는 사람에게 쓰고 usted 우스뗀은 처음보는 낯선 사람, 윗사람 혹은 공식적인 관계에서 쓴다.

인칭	단수	복수
1인칭	yo 요 나	nosotros 노소뜨로스 우리들(남성) nosotras 노소뜨라스 우리들(여성)
2인칭	tú 뚜 너	vosotros 보소뜨로스 너희들(남성) vosotras 보소뜨라스 너희들(여성)
3인칭	él 엘 그 ella 에야 그녀 usted(Ud.) 우스뗀 당신	ellos 에요스 그들(남성) ellas 에야스 그녀들(여성) ustedes(Uds.) 우스뗴데스 당신들

6. 동사변화 🎧

스페인어는 be동사가 2개가 있으며 '~이다, ~입니다'를 의미한다. 스페인어의 모든 동사는 인칭변화하며 6개의 동사 변화가 있다. 이름, 국적, 성격, 외모, 직업 등의 변하지 않는 것을 말할 때는 ser동사를 상태나 위치 등 변하는 것을 말할 때는 estar 동사를 쓴다.

인칭	인칭대명사	ser 동사	estar 동사
1인칭 단수	yo	soy 소이	estoy 에스또이
2인칭 단수	tú	eres 에레스	estás 에스따스
3인칭 단수	él, ella, usted	es 에스	está 에스따
1인칭 복수	nosotros(as)	somos 소모스	estamos 에스따모스
2인칭 복수	vosotros(as)	sois 소이스	estáis 에스따이스
3인칭 복수	ellos, ellas, ustedes	son 손	están 에스딴

평서문은 영어와 어순이 동일하며 주어를 대부분 생략한다. 부정문은 동사 앞에 no

만 붙이면 된다. 의문문은 평서문에 의문부호를 앞뒤에 ¿, ?를 붙이고 끝을 올려서 말하면 된다.

Eres estudiante. 에레스 에스뚜디안떼 너는 학생이다.
No eres estudiante. 노 에레스 에스뚜디안떼 너는 학생이 아니다.
¿Eres estudiante? 에레스 에스뚜디안떼 너는 학생이니?

스페인어 동사는 세 가지 종류가 있는데 Ar형 동사, Er형 동사, Ir형 동사이다. 각각 다음과 같이 규칙 변화한다. 단, 모든 불규칙 동사는 암기를 요한다.

① 규칙동사

인칭대명사	hablar 아블라르 말하다	comer 꼬메르 먹다	vivir 비비르 살다
yo	hablo 아블로	como 꼬모	vivo 비보
tú	hablas 아블라스	comes 꼬메스	vives 비베스
él, ella, usted	habla 아블라	come 꼬메	vive 비베
nosotros	hablamos 아블라모스	comemos 꼬메모스	vivimos 비비모스
vosotros	habláis 아블라이스	coméis 꼬메이스	vivís 비비스
ellos, ellas,	hablan 아블란	comen 꼬멘	viven 비벤

② 불규칙동사

인칭대명사	tener 떼네르 가지다	ir 이르 가다	venir 베니르 오다
yo	tengo 뗑고	voy 보이	vengo 벵고
tú	tienes 띠에네스	vas 바스	vienes 비에네스
él, ella, usted	tiene 띠에네	va 바	viene 비에네
nosotros	tenemos 떼네모스	vamos 바모스	venimos 베니모스
vosotros	tenéis 떼네이스	vais 바이스	venís 베니스
ellos, ellas,	tienen 띠에넨	van 반	vienen 비에넨

여행 회화 필수 표현 30

스페인으로 여행을 떠나서 가장 많이 쓰이는 필수 회화 표현을 30가지로 추려보았다. 그동안 학생들이 가장 궁금해하고 여행에서 가장 많이 사용했던 필수 표현을 중심으로 정리하였다. 이 간단한 회화 표현들만 알고 가도 스페인에서 서바이버 할 수 있을 것이다.

No.01 **¡Hola!** 올라 안녕!

No.02 **¿Qué tal?** 께 딸 어떻게 지내니?
¿Cómo estás? 꼬모 에스따스 어떻게 지내니?
Muy bien. 무이 비엔 아주 좋아요. (컨디션,상태 등을 얘기할 때)
Muy mal. 무이 말 아주 나빠요. (컨디션,상태 등을 얘기할 때)

No.03 **Buenos días.** 부에노스 디아스 좋은 아침입니다. (아침인사)
Buenas tardes. 부에나스 따르데스 좋은 오후입니다. (오후인사)
Buenas noches. 부에나스 노체스 좋은 밤입니다. (밤인사)

No.04 **¿Cómo te llamas?** 꼬모 떼 야마스 이름이 무엇입니까?
Me llamo Carmen. 메 야모 까르멘 전 이름이 까르멘입니다.

No.05 **Mucho gusto.** 무초 구스또 만나서 반갑습니다.

No.06 **Adiós.** 아디오스 안녕. (헤어질 때)
Hasta luego. 아스따 루에고 나중에 보자.

No.07 **¿Dónde está el baño?** 돈데 에스따 엘 바뇨 화장실이 어디에 있습니까?

No.08 **No lo sé.** 노 로 세 잘 모르겠어요.

Sí, entiendo. 씨, 엔띠엔도 네, 이해했습니다.
No entiendo. 노 엔띠엔도 잘 이해가 안 돼요.

No.09 **Gracias.** 그라씨아스 감사합니다.
Muchas gracias. 무차스 그라씨아스 아주 감사해요.

No.10 **De nada.** 데 나다 천만에요.
Gracias a usted. 그라씨아스 아 우스뗃 제가 당신에게 감사하죠.
(Gracias에 대한 대답)

No.11 **No, gracias.** 노, 그라씨아스 아니오, 괜찮습니다. (정중히 거절할 때)

No.12 **¿Hablas español?** 아블라스 에스빠뇰 스페인어를 말할 줄 압니까?
Hablo un poco español. 아블로 운 뽀꼬 에스빠뇰 스페인어를 조금 합니다.

No.13 **¿Ya?** 야 다 됐어요? 이해 했나요?
Ya. 야 다 됐습니다. 이해 했습니다.

No.14 **¿Cómo se llama esto en español?** 꼬모 세 야마 에스또 엔 에스빠뇰 이것을 스페인어로 어떻게 말하나요?

No.15 **¿Puede decírmelo más despacio, por favor?** 뿌에데 데씨르메로 마스 데스빠씨오, 뽀르 파보르 조금만 더 천천히 말씀해 주시겠어요?
¿Puede repetirme, por favor? 뿌에데 레뻬띠르메 뽀르 파보르 다시 한 번 더 말씀해 주시겠어요?

No.16 **Un café, por favor.** 운 까페 뽀르 파보르 커피 한 잔을 원합니다.
Una cerveza, por favor. 우나 쎄르베싸 뽀르 파보르 맥주 한 잔을 원합니다.
Agua, por favor. 아구아 뽀르 파보르 물 좀 주세요.

No.17 **La carta, por favor.** 라 까르따 뽀르 파보르 메뉴판 좀 갖다 주세요.
La cuenta, por favor. 라 꾸엔따 뽀르 파보르 계산서 좀 갖다 주세요.

No.18 **¿Cuánto cuesta?** 꾸안또 꾸에스따 얼마입니까?
¿Cuánto es? 꾸안또 에스 얼마입니까?

No.19 **¿Puede rebajarme un poco?** 뿌에데 레바하르메 운 뽀꼬 조금 깎아 줄 수 있습니까?
Más barato, por favor. 마스 바라또 뽀르 파보르 좀 더 싸게 해 주세요.

No.20 **¿Qué hora es?** 께 오라 에스 몇 시입니까?

No.21 **Perdone.** 뻬르도네 실례합니다.

No.22 **Perdón.** 뻬르돈 미안합니다, 죄송합니다.
Lo siento. 로 시엔또 죄송합니다, 유감입니다. (진짜 미안하고 유감인 일이 생겼을 때)

No.23 **¿Perdón?** 뻬르돈 네?
¿Cómo? 꼬모 뭐라구요?

No.24 **¿Es verdad?** 에스 베르닫? 진짜입니까?
¿En serio? 엔 세리오? 정말입니까?

No.25 **Sí.** 씨 네, 예.
Vale. 발레 알겠습니다.
Está bien. 에스따 비엔 좋습니다, 괜찮습니다.

- No.26 Un poco. 운 뽀꼬 조금만요.
  Un poquito. 운 뽀끼또 아주 조금요.

- No.27 No importa. 노 임뽀르따 상관 없습니다.
  No pasa nada. 노 빠사 나다 상관 없습니다. 괜찮습니다.

- No.28 Claro. 끌라로 물론입니다.
  ¡Cómo no! 꼬모 노 물론입니다.

- No.29 Ayúdeme, por favor. 아유데메 뽀르 파보르 도와 주세요.

- No.30 ¡Buen fin de semana! 부엔 핀 데 세마나 좋은 주말 되세요!
  ¡Buen viaje! 부엔 비아헤 좋은 여행 되세요!

스페인 지도

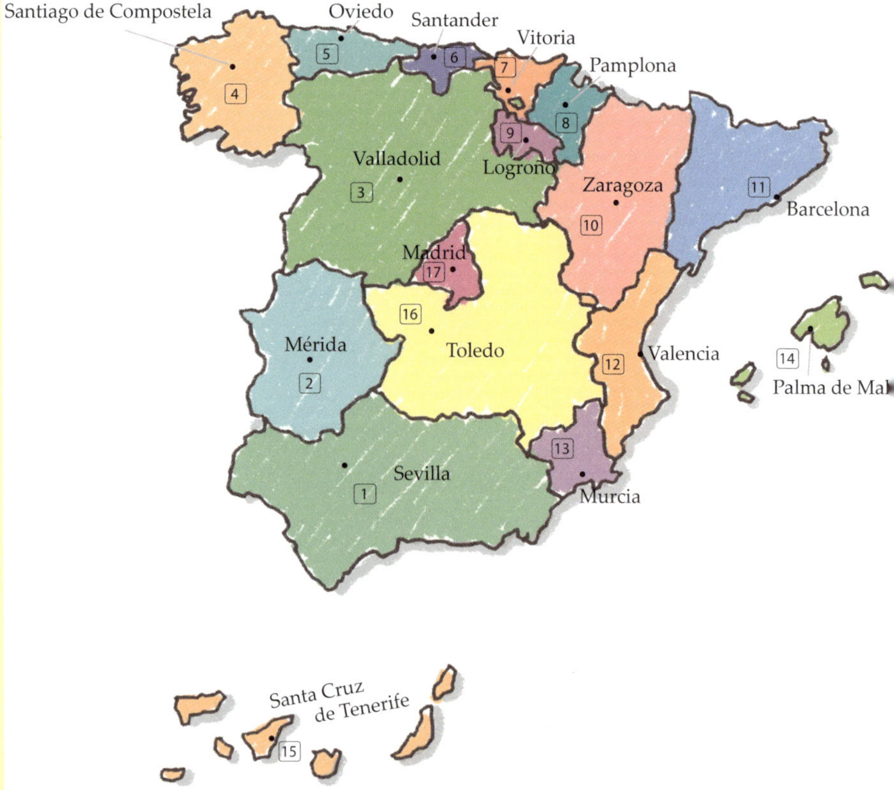

스페인 17개의 주
1. Andalucía
2. Extremadura
3. Castilla y León
4. Galicia
5. Principado de Asturias
6. Cantabria
7. País Vasco
8. Navarra
9. La Rioja
10. Aragón
11. Cataluña
12. Comunidad Valenciana
13. Región de Murcia
14. Isalas Baleares
15. Isalas Canarias
16. Castilla-La Mancha
17. Madrid

라틴 아메리카 지도

Capítulo 01

개인신상

1. 교실
2. 학원 프런트
3. 날씨
4. 가족
5. 여가생활

세비야 대학교 Universidad de Sevilla

세비야의 산페르난도 거리(Calle San Fernando)에 있는 공립대학교. 1505년에 설립되었다. 스페인 남부 지역 일대의 문화와 학문 발전에 큰 영향을 주었고, 현재에도 유럽 최고의 명문대학교 중 하나로 꼽힌다. 또한 메리메의 소설 〈카르멘〉의 무대로 유명한 담배공장 건물이 바로 지금 세비야 대학교 캠퍼스로 사용되고 있어서 세비야 여행 때 꼭 들러보면 좋다.

1. En el aula

교실

대 화

Ana: ¡Hola! Soy Ana. ¿Cómo te llamas?
올라 소이 아나 꼬모 떼 야마쓰
안녕! 난 아나야. 넌 이름이 뭐야?

David: ¡Hola, Ana! Mi nombre es David.
올라 아나 미 놈브레 에스 다빋
안녕! 아나! 내 이름은 다비드야.

Ana: Mucho gusto, David. ¿Eres nuevo aquí?
무초 구스또 다빋 에레스 누에보 아끼
만나서 반가워, 다비드. 넌 여기 새로 왔어?

David: Sí, es mi primer día.
씨 에스 미 쁘리메르 디아
응. 첫 번째 날이야.

Ana: ¡Bienvenido! Encantada de conocerte.
비엔베니도 엔깐따다 데 꼬노쎄르떼
환영해! 만나서 반가워.

David: Gracias, Ana. Mucho gusto.
그리씨아스 아나 무초 구스또
고마워, 아나. 반갑다.

Ana: Adiós, hasta luego.
아디오스 아스따 루에고
안녕, 나중에 보자.

차오   아스따   쁘론또
David: Chao, hasta pronto.
안녕, 담에 보자.

어 휘

hola 올라 안녕   llamarse 야미르세 ~라고 불리워지다   mi 미 나의
nombre 놈브레 이름   mucho 무초 많은   gusto 구쓰또 즐거움
nuevo 누에보 새로운   aquí 아끼 여기   primero(a) 쁘리메로 첫 번째의
día 디아 날   bienvenido(a) 비엔베니도 환영받는
encantado(a) 엔깐따도 즐거운, 기쁜   conocer 꼬노쎄르 알다, 만나다
te 떼 너를   gracias 그라씨아스 감사   adiós 아디오스 안녕(헤어질 때)
hasta 아스따 ~까지   luego 루에고 나중에   chao 차오 안녕(헤어질 때)
pronto 쁘론또 곧

아침인사는 buenos días 부에노스 디아스(1시 이전), 오후인사는 buenas tardes 부에나스 따르데스(1시~9시이전), 밤인사는 buenas noches 부에나스 노체스(밤 9시~자기 전)라고 인사할 수 있다. 이 세 가지 인사법은 스페인에서는 친구끼리 하기에는 다소 포멀하고 형식적인 인사법이니 친구사이에서는 hola, ¿qué tal? (올라, 께 딸 안녕, 잘 지내니?)라고 인사하는 것이 좋다. hasta luego(아스따 루에고 나중에 보자), hasta pronto(아스따 쁘론또 또 보자)는 앞으로 조만간 만날 계획이 없더라도 할 수 있는 adiós(아디오스 안녕)와 동일한 인사법이다.

스페인에서는 아는 사람을 그냥 지나칠 때에는 adiós라고 인사하는 경우가 많다. hola라고 인사하면 멈춰서서 안부를 묻는 게 좋다. 말을 걸 때 특별한 호칭을 쓰기보다는 편하게 이름을 부르는 것을 좋아하므로 만난 적이 있다면 그 사람의 이름을 반드시 기억해 두자!

¡Hola! ¿Qué tal?
안녕! 잘 지내니?

Adiós, hasta luego.
안녕, 나중에 보자.

Me alegro de verte.
만나서 반가워.

- ¿Cómo te llamas? 넌 이름이 뭐니?
  ¿Cuál es tu nombre? 너의 이름이 뭐니?
  ¿Cómo te apellidas? 너의 성은 뭐니?

- Mi nombre es David. 내 이름은 다빈이야.
  Me llamo David. 내 이름은 다빈이야.
  Mi nombre es José. 내 이름은 호세야.
  Mi apellido es López. 내 성은 로페스야.

- Mucho gusto. 반가워.
  Encantada de conocerte. 너를 알게 돼서 반가워.
  Me alegro de verle. 당신을 만나게 되서 기쁩니다.
  Me alegro de conocerle. 당신을 알게 되서 기쁩니다.

- Es mi primer día. 나의 첫 번째 날이야.
  primero(첫 번째)가 남성명사 앞에서 'o'가 탈락한 형태로 tercero(세 번째)도 'o'가 탈락한다.
  Es mi tercer día. 나의 세 번째 날이야.

- Gracias. 고마워.
  Muchas gracias. 많이 고마워.
  Te lo agradezco. 고마워.

어휘_인사 및 상태

- 일, 낮   el día   디아
- 오후   la tarde   따르데
- 밤   la noche   노체
- 이름   el nombre   놈브레
- 성   el apellido   아뻬이도
- 아주 잘 지내요   muy bien   무이 비엔
- 적당히 잘 지내요   bastante bien   바스딴떼 비엔
- 보통   regular   레굴라르
- 그럭저럭   así así   아시 아시
- 좋지 않아요   no muy bien   노 무이 비엔
- 나빠요   mal   말
- 아주 나빠요   muy mal   무이 말
- 진짜 나빠요   fatal   파딸
- 대박   guay   구아이
- 피곤한   cansado(a)   깐사도(다)
- 아픈   enfermo(a)   엔페르모(마)
- 슬픈   triste   뜨리스떼
- 만족한   contento(a)   꼰뗀또(따)
- 긴장한   nervioso(a)   네르비오소(사)
- 마음이 편안한   tranquilo(a)   뜨랑낄로(라)
- 지루한   aburrido(a)   아부리도(다)
- 재미있는   divertido(a)   디베르띠도(다)

¡스페인이 궁금해요!

스페인의 인사법

스페인어권 세계에서는 인사 문화가 발달된 곳으로 인사를 나누는 것이 아주 중요하다. 인사를 반갑게 미소로 하지 않으면 친절하지 않다는 나쁜 이미지를 줄 수 있다. 건물 내부나 엘리베이터 안에서 마주치는 이웃이나 처음 보는 사람이라도 "Hola" 올라하고 가볍게 인사를 나누고 길거리를 지나가다가 낯선 사람과 눈이 마주치면 눈 인사 즉 윙크를 하거나 가벼운 미소를 짓는 게 좋다. 이 때 윙크는 관심의 표현이라고 오해하지 말자. 친한 사이에서는 가족의 안부를 묻는 것도 중요하다는 것을 기억하자.

스페인에서는 처음 만나 인사를 나눌 때 주로 볼 키스(dos besos 도스 베소스)를 한다. 상대방의 볼에 두 번의 키스를 나누는데 왼쪽 볼부터 해야 한다. 이 때 반드시 입술을 접촉하지 않고 '쪽'하는 소리만 내는 게 예의이다. 여자들끼리 혹은 남녀간에는 볼 키스가 가능하나 남자끼리는 볼 키스를 하지 않고 간단한 포옹이나 악수를 하는 것이 일반적이다. 남자끼리의 볼 키스는 자칫 오해를 불러일으킬 수 있다. 볼 키스는 회의나 공식적인 만남에서는 하지 않는 것이 일반적이고, 저녁 초대나, 친구 소개 받을 때 혹은 비공식적인 친한 만남 등의 상황에서 주로 하는 인사법이다.

2. En la recepción de la escuela

학원 프런트

대화

꼬모 떼 야마스
Recepcionista: ¿Cómo te llamas?
이름이 뭐예요?

메 야모 빼빼
Alumno: Me llamo Pepe.
빼빼라고 합니다.

꾸알 에스 뚜 아뻬이도
Recepcionista: ¿Cuál es tu apellido?
성이 뭐예요?

미 아뻬이도 에스 라미레쓰
Alumno: Mi apellido es Ramírez.
라미레스입니다.

꼬모 세 에스끄리베
Recepcionista: ¿Cómo se escribe?
스펠링이 어떻게 되나요?

에레 아 에메 이 에레 에 쎄따
Alumno: R – A – M – I – R – E – Z.
에레-아-에메-이-에레-에-세따입니다.

데 돈데 에레스
Recepcionista: ¿De dónde eres?
국적은요?

<small>소이 뽀르뚜게스　　데 리스보아</small>

Alumno: Soy portugués, de Lisboa.
저는 포르투갈 사람이구요. 리스본에서 왔어요.

<small>아 께　떼　데디까스</small>

Recepcionista: ¿A qué te dedicas?
무슨 일에 종사하시나요?

<small>소이　꼬씨네로.　뜨라바호 엔 운　레스따우란떼</small>

Alumno: Soy cocinero. Trabajo en un restaurante.
전 요리사예요. 레스토랑에서 일합니다.

<small>꾸안또스　아뇨스　띠에네스</small>

Recepcionista: ¿Cuántos años tienes?
몇 살이십니까?

<small>뗑고　베인띠뜨레스</small>

Alumno: Tengo veintitrés.
스물 세살입니다.

<small>뻬르펙또　　그라씨아스</small>

Recepcionista: Perfecto, gracias.
네, 알겠습니다. 감사합니다.

어휘

llamarse 야마르세 이름이 ~이다　el apellido 아뻬이도 성
escribir 에스끄리비르 쓰다　de 데 ~로부터　dónde 돈데 어디에
brasileño 브라실레뇨 브라질 남자　dedicarse 데디까르세 ~에 종사하다
cuál 꾸알 무엇　cocinero 꼬씨네로 요리사　trabajar 뜨라바하르 일하다
restaurante 레스따우란떼 식당　cuántos 꾸안또스 얼마나 많은
año 아뇨 연. 해　tener 떼네르 가지다　perfecto 뻬르펙또 완벽한

냉냉 여행 TIP

처음 만나서 나이나 결혼여부, 직업, 자녀의 수 또는 개인의 수입 및 재산관계 등을 묻는 것은 결례가 될 수도 있다. 꼭 궁금해서 알아야 하는 경우에는 Perdóneme... (뻬르도 네메 죄송합니다만, 실례합니다만) 등의 완곡한 표현을 써서 질문하는 것이 예의에 어긋나지 않는다. 하지만 말이 많은 스페인 사람들 스스로 대화를 하다 보면 본인 스스로 이야기 하는 경우가 많다.

상대를 지나치게 배려하거나 겸손한 태도보다는 약간은 적극적이고 직설적인 태도가 좀 더 호감을 받을 수 있다. 상대의 말을 듣고 이해가 잘 안되면 ¿Perdón? (뻬르돈 네? 뭐라구요?)하고 되물으면 된다. 스페인에서는 웃고 말을 많이 하는 수다쟁이가 많은 호감을 받을 수 있으니 교실에서도 항상 미소 짓는 연습을 해 보자~

소리에
¡Sonríe! 미소지어!

세비야의 어학원 *escuela*

어학원 로비 *patio*

교실 *aula*

- **¿Cómo se escribe?** 스펠링이 어떻게 되요?
  <¿Cómo se dice ~ en español?>은 "~를 스페인어로 어떻게 말해요?"라는 표현.
  ¿Cómo se dice 'book' en español? 책을 스페인어로 어떻게 말해요?
  En español se dice 'libro'. 스페인어로 '리브로'라고 합니다.

- **¿De dónde eres?** 어디서 왔어요?
  ¿Cuál es tu nacionalidad? 국적이 뭐예요?
  ¿De qué ciudad eres? 어느 도시 출신입니까?
  ¿Cuál es tu ciudad de origen? 출신 도시는 무엇입니까?
  Soy coreana, de Seúl. 한국 사람이고 서울 출신입니다.

- **¿A qué te dedicas?** 어디에 종사하세요?
  ¿De qué trabajas? 무슨 일 하세요?
  ¿Cuál es tu profesión? 직업은 무엇입니까?
  Soy camarero. 웨이터입니다.

- **¿Cuántos años tienes?** 몇 살입니까?
  ¿Cuál es tu edad? 나이는 어떻게 됩니까?
  Tengo veinticinco. 스물다섯 살입니다.

📚 어휘_개인 정보

한국어	스페인어	발음
• 결혼한	casado(a)	까사도(다)
• 싱글인	soltero(a)	솔떼로(라)
• 이혼한	divorciado(a)	디보르씨아도(다)
• 별거중인	separado(a)	세빠라도(다)
• 일본인	japonés(a)	하뽀네스(사)
• 미국인	estadounidense	에스따도우니덴세
• 중국인	chino(a)	치노(나)
• 멕시코인	mexicano(a)	메히까노(나)
• 스페인 사람	español(a)	에스빠뇰(라)
• 선생님	el(la) profesor(a)	쁘로페소르(라)
• 학생	el(la) estudiante(a)	에스뚜디안떼
• 의사	el(la) médico(a)	메디꼬(까)
• 간호사	el(la) enfermero(a)	엔페르메로(라)
• 건축가	el(la) arquitecto(a)	아르끼떽또(따)
• 공무원	el(la) funcionario(a)	푼씨오나리오(아)
• 군인	el(la) militar	밀리따르
• 변호사	el(la) abogado(a)	아보가도(다)
• 상인	el(la) comerciante	꼬메르씨안떼
• 요리사	el(la) cocinero(a)	꼬씨네로(라)
• 작가	el(la) escritor(a)	에스끄리또르(라)
• 화가	el(la) pintor(a)	삔또르(라)
• 농부	el(la) agricultor(a)	아그리꿀또르(라)
• 과학자	el(la) científico(a)	씨엔띠피꼬(까)

¡스페인이 궁금해요!

스페인의 반말과 존대말

Tú(뚜 너)라는 호칭은 친구, 가족, 친지, 직장 동료 등 친밀한 관계에서 주로 쓰고, usted(우스뗃 당신)이라는 존칭은 처음 만난 낯선 관계, 직장 상사, 공적인 장소, 업무 관계 등 좀 더 공식적이고 서로 간의 어느 정도 거리를 유지하거나 예의를 지키고자 할 때 쓰이는 호칭이다. 즉, Sara, José 등 이름을 직접 부를 때는 tú(뚜 너)를 쓰고, señor(세뇨르 ~씨), señora(세뇨라 ~씨, ~부인), doctor(독또르 박사님), profesor(쁘로페소르 선생님) 등의 호칭을 사용할 때는 usted(우스뗃 당신)을 쓰는 게 일반적이다.

예의범절보다는 친밀도를 더 중요시 여기는 스페인에서는 tú를 쓰는 게 좀 더 일반적이고, 중남미 등지 에서는 아직까지도 usted을 많이 사용하는 편이다. 세비야에서 처음 크리스티나를 만났을 때, 나도 멕시코에서 오랫동안 살았던 터라 usted의 호칭으로 말을 했더니 단번에 tú를 쓰라며 다그쳤던 경험이 있다. 한 번은 스페인 사람을 업무상 만난 적이 있는데 친근하게 tú를 쓰며 다가갔더니 상대방이 시종일관 usted을 쓰며 깍듯하게 대하길래 아주 어색했던 경험을 한 적도 있다. 스페인에서는 자연스럽게 tutear(뚜떼아르 반말하다) 하는 것이 많이 일반화되어 있으니 자신 있게 반말하도록 하자! 반말하기가 왠지 불편하게 느껴지면 ¿Puedo tutearte? (뿌에도 뚜떼아르떼 반말해도 돼요?)라고 물어보면 된다.

친구 크리스티나

플라멩코 민요가수
팔레떼(Falete)

3. El tiempo

날씨

대화

아쎄　무초　프리오 이 에스따　요비엔도　　노　메　구스따 에스떼 끌리마

Ana: ¡Hace mucho frío y está lloviendo! No me gusta este clima.
아주 춥고 비가 오고 있어! 난 이 기후가 싫어.

아 미　땀뽀꼬　노 메　구스따　나다 엘 프리오 메 구스따 엘 깔로르

David: A mí tampoco. No me gusta nada el frío. Me gusta el calor.
나도 싫어. 추위는 전혀 싫어. 더위가 좋아.

엔　인비에르노　아쎄　무초　프리오 엔　꼬레아

Ana: En invierno hace mucho frío en Corea.
한국 겨울은 아주 추워.

엔　에스빠냐　노 아쎄　딴또 프리오 꼬모　엔 꼬레아

En España no hace tanto frío como en Corea.
스페인은 한국만큼 춥지 않아.

엔　꼬레아　엔　베라노　아쎄　무초　깔로르 이 아이　무차 우메달

David: En Corea, en verano hace mucho calor y hay mucha humedad.
한국은 여름이 아주 덥고 습해.

엔　에스빠냐　땀비엔　아쎄　무치시모　깔로르　이 에스 무이 세꼬

Ana: En España también hace muchísimo calor y es muy seco.

스페인도 무척 덥고 아주 건조해.

꾸알　에스 뚜　에스따씨온　파보리따

David: ¿Cuál es tu estación favorita?

네가 좋아하는 계절은 뭐야?

미　에스따씨온　파보리따 에스 엘　베라노　뽀르께　메　엔깐따 뽀네르메　모레나　이 아 띠

Ana: Mi estación favorita es el verano porque me encanta ponerme morena. ¿Y a ti?

내가 좋아하는 계절은 여름이야. 왜냐하면 선탠하는 것을 아주 좋아해. 넌?

아 미 메　구쓰따 엘　오또뇨　뽀르께　노 아쎄 니 깔로르 니 프리오

David: A mí me gusta el otoño porque no hace ni calor ni frío.

난 가을이 좋아. 왜냐하면 덥지도 춥지도 않거든.

어휘

hacer 아쎄르 하다　el frío 프리오 추위　llover 요베르 비가 오다
gustar 구스따르 좋아하다　este 에스떼 이(지시형용사)　el clima 끌리마 기후
tampoco 땀뽀꼬 ~도 아니다　tanto 딴또 너무 많은　como 꼬모 ~만큼
nada 나다 아무것　el calor 깔로르 더위　el verano 베라노 여름
la humedad 우메닫 습기　muchísimo(a) 무치시모 많은
muy 무이 아주, 매우　seco 세꼬 건조한　cuál 꾸알 무엇　tu 뚜 너의
la estación 에스따씨온 계절　favorito(a) 파보리또 좋아하는
porque 뽀르께 왜냐하면~때문에　ponerse 뽀네르세 ~해지다
moreno(a) 모레노 까무잡잡한, 갈색의　el otoño 오또뇨 가을　ni 니 ~도 아닌

냉냉 여행 TIP

스페인과 한국의 시차는 우리나라보다 8시간 느리다. 스페인이 12시 정오이면 한국은 오후 8시가 된다. 3월 말부터 9월 말까지는 서머타임(horario del verano 오라리오 델 베라노)이 있으며 시차가 1시간 빠른 기간이 된다. 한 여름에는 밤 9시가 되어도 바깥이 낮처럼 환하다.

께 깔로르 아쎄
¡Qué calor hace! 정말 덥다.

께 프리오 아쎄
¡Qué frío hace! 정말 춥다.

스페인의 여름 기온

스페인 겨울 기온(바르셀로나)

스페인 겨울 기온(세비야)

- Hace mucho calor/frío. 날씨가 아주 덥다/춥다.
  Hace sol. 햇볕이 쨍쨍하다.
  Hace viento. 바람이 분다.
  Hace buen tiempo. 날씨가 좋다.
  Hace mal tiempo. 날씨가 나쁘다.
  Hay mucha humedad. 습도가 높다.

- Está lloviendo. 비가 오고 있다.
  〈Está + 현재분사〉의 현재진행형, llover(비가 오다)의 현재분사형은 lloviendo.
  Está nevando. 눈이 오고 있다.

- Me gusta el calor. 더위가 좋아.
  〈Me gusta + 정관사 + 명사〉는 "~을 좋아한다"는 의미.
  No me gusta el frío. 추위가 싫어.

- En España no hace tanto frío como en Corea. 스페인에서는 한국만큼 춥지 않다.
  〈tanto A como B〉는 "B 만큼 많은 A"의 동등비교구문.
  En Corea no hace tanto sol como en España. 한국에서는 스페인만큼 햇볕이 쨍쨍하지 않다.

- No hace ni calor ni frío. 덥지도 춥지도 않다.
  ni는 부정의 y(그리고)의 형태로 "~도 아니다"는 의미.
  José no es ni alto ni guapo. 호세는 키가 크지도 잘 생기지도 않았다.

어휘_날씨

• 봄	la primavera	쁘리마베라
• 여름	el verano	베라노
• 가을	el otoño	오또뇨
• 겨울	el invierno	인비에르노
• 일기예보	la predicción	쁘레딕씨온
• 기온	la temperatura	뗌뻬라뚜라
• 온도계	el termómetro	떼르모메뜨로
• 기후	el clima	끌리마
• 가뭄	la sequía	세끼아
• 따뜻한	templado	뗌쁠라도
• 구름이 낀, 흐린	nublado	누블라도
• 햇볕이 강한	soleado	솔레아도
• 건조한	seco	세꼬
• 습한	húmedo	우메도
• 상쾌한	agradable	아그라다블레
• 구름	la nube	누베
• 번개	el rayo	라요
• 천둥	el trueno	뚜루에노
• 폭풍	la tormenta	또르멘따
• 비	la lluvia	유비아
• 눈	la nieve	니에베
• 습기, 습도	la humedad	우메닫
• 영하	bajo cero	바호 쎄로

¡스페인이 궁금해요!

스페인 날씨

스페인은 지중해성 기후로 4계절이 있지만 우리나라처럼 기온 차가 심하지 않고 1년 내내 화창하고 맑은 날씨가 특징이다. 겨울은 한국보다 덜 추우며, 여름에는 태양이 훨씬 더 강하여 더우나 습하지 않아 그늘만 찾으면 서늘함을 느낄 수 있다. 마드리드와 같은 내륙지역은 겨울은 춥고 여름엔 아주 덥다. 7~8월의 여름에는 40도 이상 상승하기도 하지만 건조한 탓에 불쾌지수는 우리나라만큼 높지 않다. 겨울에는 영하로 내려가는 경우는 거의 없고 우리나라의 초가을 날씨와 같아 0도에서 15도 안팎을 유지한다. 북부지역의 피레나 산맥지역이나 그라나다의 시에라 네바다 지역에서는 눈이 내린다. 마드리드와 같은 내륙 지역에서는 눈이 거의 내리지 않는다. 4월에는 비가 자주 오고 약간 서늘한 기운이 있어 1년 중 5~6월이나 9~10월은 덥지도 춥지도 않고 스페인의 태양도 적절히 즐길 수 있어 여행하기는 가장 적기라고 할 수 있다.

봄 primavera

여름 verano

가을 otoño

겨울 invierno

가족

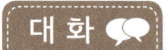

꼬모 에스 뚜 파밀리아
Ana: ¿Cómo es tu familia?
넌 가족이 어떻게 되니?

소모스 꽈뜨로 미 빠드레 미 마드레 미 에르마나 이 요
David: Somos cuatro. Mi padre, mi madre, mi hermana y yo.
우리 가족은 네 명이야. 아빠, 엄마, 누나 그리고 나

꾸안또스 아뇨스 띠에넨 뚜스 빠드레스
Ana: ¿Cuántos años tienen tus padres?
부모님은 연세는 어떻게 돼니?

미 빠드레 띠에네 씽꾸엔따 이 미 마드레 꽈렌따 이 오초
David: Mi padre tiene cincuenta y mi madre cuarenta y ocho.
아빠는 쉰 살 이시고, 엄마는 마흔여덟이셔.

께 아쎈 에요스
Ana: ¿Qué hacen ellos?
부모님 직업은 뭐야?

미 빠드레 뜨라바하 엔 운 데스빠초 에스 꼰따블레 이 미 마드레 에스 아마 데 까사
David: Mi padre trabaja en un despacho, es contable. Y mi madre es ama de casa.
아빠는 회계사 사무실에서 일하셔, 회계사야. 엄마는 가정주부야.

Ana: ¿Y tú hermana está casada?
이 뚜 에르마나 에스따 까사다
네 누나는 결혼했어?

David: No, está soltera, pero tiene novio.
노 에스따 솔떼라 뻬로 띠에네 노비오
아니, 싱글이야, 그런데 남자친구는 있어.

Ana: ¿Cuántos años tiene tu hermana?
꾸안또스 아뇨스 띠에네 뚜 에르마나
누나는 몇 살이야?

David: Tiene veintiocho años.
띠에네 베인띠오초 아뇨스
스물여덟 살이야.

Ana: ¿Qué hace?
께 아쎄
무슨 일 하셔?

David: Trabaja en un hospital, es enfermera.
뜨라바하 엔 운 오스삐딸 에스 엔페르메라
병원에서 근무해. 간호사야.

Ana: ¡Qué bien!
께 비엔
좋겠다!

어휘

la familia 파밀리아 가족   el padre 빠드레 아버지   la madre 마드레 어머니
la hermana 에르마나 여동생, 누나   el año 아뇨 연,해
cuántos(as) 꾸안또스 얼마나 많은   los padres 빠드레스 부모님
el despacho 데스빠초 사무실   el contable 꼰따블레 회계사
la ama de casa 아마 데 까사 가정주부   casado(a) 까사도 기혼인
soltero(a) 솔떼로 미혼인   el hospital 오스삐딸 병원
la enfermera 엔페르메라 여간호사

냉냉 여행 TIP

스페인어의 이름은 nombre(이름) + apellido de padre(아버지의 성) + apellido de madre(어머니의 성)로 구성된다. Jaime Román Sierra와 Rosa Abril Huerta 가 결혼하여 딸 Paula를 낳게 되면, 그녀의 이름은 Paula Román Abril이 되는 것이다. 결혼한 부부를 일컬을 때는 los señores(부부) + apellido de esposo(남편의 성)을 사용하여 los señores Román(로만씨 부부)라고 한다. 여성들은 결혼과 함께 직장이나 공적인 사무 등에서 자신의 성을 절대 잃지 않는다. Rosa Abril씨는 항상 Rosa Abril 인 것이다. 지인들이 남편을 더 잘 알고 있는 경우에는 la señora(부인) + apellido de esposo(남편의 성)을 사용하여 la señora Román(로만부인) 이라고 부르기도 한다. 요즘은 성차별 등의 이유로 자신의 성을 쓰는 것이 더 일반적이다.

Penélope Cruz Sanchez
(영화 '귀향'에서)

Javier Ángel Encinas Bardem
(영화 '내 남자의 여자도 좋아'에서)

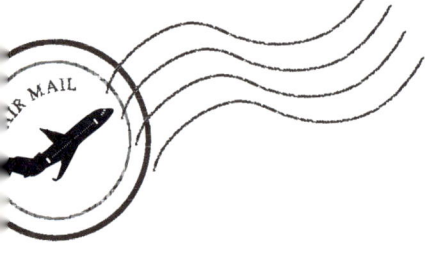

- ¿Cómo es tu familia? 너의 가족은 어떻게 되니?
  Somos cinco. Mis padres, mis dos hermanos y yo.
  우리 가족은 다섯 명이야, 부모님, 두 명의 형제 그리고 나.

- ¿Estás casada o soltera? 넌 결혼했어 아니면 싱글이야?
  Estoy casado(a). 결혼했어요.
  Estoy soltero(a). 싱글입니다.
  Estoy separado(a). 별거중입니다.
  Estoy divorciado(a). 이혼했어요.

- ¿Cuántos años tiene tu hermana? 네 여동생은 몇 살이야?
  ¿Cuántos años tienen tus padres? 네 부모님은 몇 살이시니?
  ¿Cuántos años tiene tu novio? 네 남자친구는 몇 살이니?

- ¡Qué bien! 좋겠다!
  스페인어의 감탄문은 〈¡Qué + 부사, 형용사〉 형태.
  ¡Qué mal! 정말 나쁘다!
  ¡Qué guapa! 정말 예쁘다!
  ¡Qué guay! 대박!

📚 어휘_가족

- 할아버지　　el abuelo　　아부엘로
- 할머니　　　la abuela　　아부엘라
- 아버지　　　el padre　　　빠드레
- 어머니　　　la madre　　　마드레
- 부모님　　　los padres　　빠드레스
- 남편　　　　el marido　　 마리도
- 아내　　　　la mujer　　　무헤르
- 아들　　　　el hijo　　　　이호
- 딸　　　　　la hija　　　　이하
- 형제　　　　el hermano　　에르마노
- 자매　　　　la hermana　　에르마나
- 삼촌　　　　el tío　　　　 띠오
- 이모　　　　la tía　　　　 띠아
- 조카　　　　el sobrino　　소브리노
- 사촌　　　　el primo　　　쁘리모
- 손자　　　　el nieto　　　니에또
- 손녀　　　　la nieta　　　니에따
- 장인(시아버지)　el suegro　　수에그로
- 장모(시어머니)　la suegra　　수에그라
- 며느리　　　la nuera　　　누에라
- 사위　　　　el yerno　　　예르노

¡ 스페인이 궁금해요!

스페인의 가족

스페인에서 가족의 의미는 그들의 삶에 있어서 아주 중요한 부분을 차지하고 있고 서로 아주 친밀한 관계를 유지한다. 20~30대 청년들의 약 40%가 독립하지 않고 부모님 집에서 거주하며, 여러 세대가 함께 사는 가족의 형태도 많이 볼 수 있다. 부모님에게서 독립하는 청년들의 평균 연령은 29세로 유럽에서 가장 높은 수치를 나타낸다. 또한 할아버지 할머니도 함께 사는 경우도 많다. 할아버지와 할머니와 손자 손녀들 간에도 친밀도가 높아 서로 생각들과 경험들을 공유하고 우리나라와 같이 친밀한 정이 있다. 우리나라에서는 사귀는 사람을 가족에게 소개시켜 주는 것을 꺼려하지만 스페인에서는 상대 가족끼리도 서스름 없이 자연스럽게 왕래하고 친하게 지낸다.

최근에는 저출산률과 동거부부(pareja de hecho 빠레하 데 에초)등의 증가로 가족의 규모가 핵가족화되고 있다. 또한 개나 고양이 등의 애완동물이 가족의 중요한 구성원으로 여겨지고 있다. 가족을 중요시 여기는 스페인에서는 일요일이나 중요한 축제나 행사가 있을 때는 같이 모여 식사를 하고 담화를 나누는 것이 일반적이다.

5. Los pasatiempos

여가생활

대화

꼐 떼 구스따 아쎄르 엔 뚜 띠엠뽀 리브레
David: ¿Qué te gusta hacer en tu tiempo libre?
넌 여가 시간에 뭘 하는 것을 좋아하니?

아 미 메 엔깐따 에스꾸차르 무시까 이 메 구스따 바스딴떼 바일라르
Ana: A mí me encanta escuchar música. Y me gusta bastante bailar.
난 음악 듣기를 좋아해. 그리고 춤 추는 것도 충분히 좋아해.

떼 구스따 엘 데뽀르떼
David: ¿Te gusta el deporte?
스포츠는 좋아하니?

씨 메 엔깐따 나다르 나도 엔 라 삐씨나 로스 피네스 데 세마나
Ana: Sí, me encanta nadar. Nado en la piscina los fines de semana.
그래. 수영을 좋아해. 주말마다 수영장에서 수영해.

꾸알레스 손 뚜스 빠사띠엠뽀스 파보리또스
¿Cuáles son tus pasatiempos favoritos?
네가 좋아하는 취미는 뭐야?

메 구스따 레르 빠세아르 이 베르 뻴리꿀라스 요 보이 알 씨네 또도스 로스 피네스 데 세마나
David: Me gusta leer, pasear y ver películas. Yo voy al cine todos los fines de semana.
난 독서하기와 산책 그리고 영화 보는 것을 좋아해. 극장에 주말마다 가.

께 띠뽀 데 뻴리꿀라스 떼 구스딴
Ana: ¿Qué tipo de películas te gustan?
어떤 종류의 영화를 좋아해?

메 엔깐딴 라스 뻴리꿀라스 데 수스뻰세 이 라스 데 악씨온
David: Me encantan las películas de suspense y las de acción.
서스펜스 영화와 액션 영화를 좋아해.

노 메 구스딴 나다 라스 데 아모르
No me gustan nada las de amor.
멜로 영화는 전혀 좋아하지 않아.

어휘

el tiempo 띠엠뽀 시간 libre 리브레 자유로운 escuchar 에스꾸차르 듣다
la música 무시까 음악 bastante 바스딴떼 충분히 bailar 바일라르 춤추다
el deporte 데뽀르떼 스포츠 encantar 엔깐따르 기쁨을 주다
nadar 나다르 수영하다 la piscina 삐씨나 수영장 el fin 핀 끝, 결말
la semana 세마나 주 cuál 꾸알 무엇 el pasatiempo 빠사띠엠뽀 취미
favorito(a) 파보리또 좋아하는 leer 레르 읽다 pasear 빠세아르 산책하다
ver 베르 보다 la película 뻴리꿀라 영화 el cine 씨네 극장
todos(as) 또도스 모든 el tipo 띠뽀 종류 el suspense 수스뻰세 서스펜스
la acción 악씨온 액션 el amor 아모르 사랑

생생 여행 TIP

스페인어로 화장실은 servicio 세르비시오, lavabo 라바보, baño 바뇨라고 한다. 스페인의 공중 화장실은 대부분 유료 화장실이므로 동전을 준비해 두는 게 좋다. 단, 청결하지 않을 수도 있으니 백화점, 바, 호텔, 패스트푸드점 등의 화장실을 이용하는 것이 더 위생적이다. 바bar나 카페테리아 등의 화장실을 이용할 경우 그 바의 커피 등을 마셔주는 게 예의이다. 남자 화장실에는 Caballeros 까바예로스, 여자 화장실은 Señoras 세뇨라스라는 표시를 확인하자. 화장실에서는 노크하지 않는 것이 에티켓이다.

돈데 에스따 엘 바뇨
¿Dónde está el baño? 화장실이 어디에 있나요?

돈데 에스따 엘 세르비시오
¿Dónde está el servicio? 화장실이 어디에 있나요?

엘 세르비시오 뽀르 파보르
¿El servicio, por favor? 화장실은요?

네쎄시또 이르 알 바뇨
Necesito ir al baño. 화장실에 가야 해요.

남자 화장실

여자 화장실

- Me gusta escuchar música. 난 음악 듣는 게 좋아.

  〈Me gusta + 동사, 단수명사〉, 〈Me gustan + 복수명사〉는 "난 ~을 좋아한다"는 회화 표현.

  Me gusta la música. 난 음악이 좋아.

  Me gustan los idiomas. 난 언어가 좋아.

- Me encanta bailar. 난 춤추는 게 정말 많이 좋아.

  Me gusta mucho bailar. 춤추는 게 많이 좋아.

  Me gusta bastante bailar. 춤추는 게 충분히 좋아.

  Me gusta bailar. 춤추는 게 좋아.

  No me gusta bailar. 춤추는 걸 좋아하지 않아.

  No me gusta nada bailar. 춤추는 걸 전혀 좋아하지 않아.

- ¿Cuáles son tus pasatiempos favoritos? 네가 좋아하는 취미가 뭐야?

  ¿Qué te gusta hacer en tu tiempo libre? 넌 여가 시간에 무엇을 하는 것을 좋아하니?

  ¿Qué haces en tu tiempo libre? 넌 여가 시간에 뭐 해?

- No me gustan nada las películas de amor. 멜로 영화를 전혀 좋아하지 않아.

  nada(전혀)를 사용하여 싫어하는 정도를 강조하며, 항상 no가 동반된다.

  Detesto fumar. 담배 피우는 걸 싫어해.

  Odio ver películas de terror. 공포 영화 보는 것을 증오해.

어휘_취미

- 취미   la afición   아피씨온
- 공연   la función   푼씨온
- 영화   la película   뻴리꿀라
- 음악   la música   무시까
- 텔레비전   la televisión   뗄레비시온
- 비디오게임   el videojuego   비데오후에고
- 콘서트   el concierto   꼰씨에르또
- 클럽   la discoteca   디스꼬떼까
- 춤추기   bailar   바일라르
- 노래하기   cantar   깐따르
- 음악 듣기   escuchar música   에스꾸차르 무시까
- 술마시기   tomar copas   또마르 꼬빠스
- 영화관 가기   ir al cine   이르 알 씨네
- 박물관 가기   ir al museo   이르 알 무세오
- 콘서트 가기   ir al concierto   이르 알 꼰씨에르또
- 피아노 치기   tocar el piano   또까르 엘 삐아노
- 등산하기   subir la montaña   수비르 라 몬따냐
- 독서하기   leer libros   레르 리브로스
- 인터넷 하기   navegar por Internet   나베가르 뽀르 인떼르넷
- 텔레비전 보기   ver la tele   베르 라 뗄레
- 산책하기   pasear   빠세아르
- 축구하기   jugar al fútbol   후가르 알 풋볼
- 농구하기   jugar al baloncesto   후가르 알 발론쎄스또
- 카드놀이하기   jugar a las cartas   후가르 아 라스 까르따스

¡스페인이 궁금해요!

스페인의 여가시간

스페인 사람들은 한국사람들처럼 여가활동에 많은 시간을 할애하지 않는다. 스페인 사람들이 좋아하는 여가시간을 순서대로 나열해 보면: 친구 및 가족들과 만나기, 바나 레스토랑에서 시간 보내기, 잘 먹기, 수다떨기, 해변가서 선탠 하기, 스포츠 및 문화활동하기 등이 있다. 스페인 사람들이 가장 싫어하는 여가시간은 위험한 스포츠 하기, 컴퓨터 하기, 자기계발활동하기 등이 있다. 여가활동의 요소로서 가장 중요한 것은 즐겁고 즐길 수 있어야 하며 다른 사람들과 어울려서 하는 활동이어야 한다. 바나 레스토랑은 만남의 장소로서 뭔가를 먹고 마시는 장소로서 보다는 사람들과 만나서 어울리며 여가를 즐기는 곳으로서 스페인 사람들에게는 아주 중요한 장소이다. 스페인과 중남미 사람들은 춤을 좋아하는 민족으로 모든 파티에 음악과 춤은 빠지지 않는 필수 요소이다.

해변에서 선탠하는 사람들

해변에서 비치 발리볼을 하는 사람들

마요르 광장 노천카페

카페테리아의 스페인 사람들

Capítulo 02

공항

6. 비행기표 예약

7. 공항

8. 비행기 기내

9. 입국심사

10. 세관

11. 환전소

마드리드 바라하스 국제공항 Aeropuerto de Madrid-Barajas

스페인의 수도 마드리드에 있는 국제공항으로 마드리드 중심가에서 북동쪽으로 13㎞ 떨어진 곳에 있다. 유럽에서 두 번째로 큰 공항으로, 특히 리처드 로저스와 안토니오 라멜라가 설계한 터미널 4는 물결치는 날개 모양의 강철 지붕과 외벽으로 건축적으로도 유명하다

6. Reservar un vuelo

비행기표 예약 ▼

대화

부에노스 디아스 엔 께 레 뿌에도 아유다르
Empleada: Buenos días. ¿En qué le puedo ayudar?
직원: 안녕하세요. 무엇을 도와 드릴까요?

부에노스 디아스 끼에로 꼼쁘라르 운 비예떼 아 부에노스 아이레스
Viajero: Buenos días. Quiero comprar un billete a Buenos Aires.
여행객: 안녕하세요. 부에노스 아이레스행 표를 사고 싶습니다.

운 비아헤 데 이다 오 데 이다 이 부엘따
Empleada: ¿Un viaje de ida o de ida y vuelta?
편도행 아니면 왕복입니까?

솔로 데 이다 뽀르 파보르
Viajero: Solo de ida, por favor.
편도로 부탁합니다.

무이 비엔 빠라 꾸안도 로 끼에레
Empleada: Muy bien. ¿Para cuándo lo quiere?
알겠습니다. 언제로 원하세요?

꾸안도 살레 엘 쁘록시모 아비온
Viajero: ¿Cuándo sale el próximo avión?
다음 비행기가 언제 떠나나요?

살레 아 라 우나 이 메디아
Empleada: Sale a la una y media.
한 시 반에 떠나요.

Buenos Aires

Viajero: Quiero un billete para ese vuelo, por favor.
그 비행 티켓으로 원합니다.

Empleada: ¿En clase business o en turista?
비즈니스 클래스요 아니면 이코노미 클래스요?

Viajero: En turista.
이코노미 클래스로요.

Empleada: Déjeme ver si hay asientos disponibles. Sí, todavía quedan asientos.
빈 좌석이 있는지 봐 드릴게요. 네, 아직 좌석이 남아 있네요.

¿Quiere que le reserve un asiento?
한 좌석 예약해 드릴까요?

Viajero: Sí, por favor. ¿Cuánto va a ser?
네, 부탁합니다. 얼마예요?

Empleada: Son 1.500(mil quinientos) euros.
1,500유로입니다.

어휘

ayudar 아유다르 돕다 el billete 비예떼 표 el viaje 비아헤 여행
el avión 아비온 비행기 la media 메디아 반, 30분 el vuelo 부엘로 비행
primer(a) 쁘리메르 첫 번째의 la clase 끌라세 종류, 등급
el turista 뚜리스따 관광객, 여행자 dejar 데하르 내버려 두다
el asiento 아시엔또 좌석 disponible 디스뽀니블레 이용 가능한
todavía 또다비아 아직 quedar 께다르 남다 reservar 레세르바르 예약하다

냉냉 여행 TIP

스페인의 현지물가는 한국과 비슷하다. 미술관 등의 입장료, 교통비, 레스토랑이나 바에서 먹는 식비는 우리나라보다 비싼 편이다. 관광대국인지라 숙박비는 저렴한 편이다. 시장이나 마트에서의 식료품비는 비교적 저렴하다. 와인이나 커피 음료도 아주 저렴하다. 축제나 성수기에는 입장료나 숙박비가 평소보다 많이 상승한다. 스페인의 모든 물품과 서비스는 부가세(IVA 이바)가 포함된 가격이다. 문화상품과 공산품에는 21%, 숙박 시설 또는 레스토랑을 이용할 경우 10%, 대부분의 식료품에는 4%의 부가세가 부과된다. 다음 표는 2015년 기준 스페인의 대략적인 물가표이다.

	항목	가격(유로)		항목	가격(유로)
식료품	쌀(한 봉지)	1	레스토랑	런치메뉴(메누 델 디아)	12
	사과 1kg	1.60		고급 레스토랑 풀코스	40
	오렌지 1kg	1.20		맥도널드 빅맥세트	6.95
	생수(1,5L)	0.95		맥주(캔)	1.80
	와인 한 병(중급정도)	4		카페라테	1.40
	맥주(캔)	0.66		물(병)	1.50
	코카콜라(캔)	1.80		와인(한 잔)	1.50

	항목	가격(유로)		항목	가격(유로)
교통	지하철 편도 티켓	1.50	여가	담배 한 갑(말보루)	4.95
	월 정액권	45		영화티켓	9
	택시 기본요금	3		헬스장 월 요금	44
	휘발유(1L)	1.60			

(★지역에 따라 차이가 있을 수 있음)

- ¿Para cuándo lo quiere? 언제 떠나시기를 원하시나요?
  ¿Para cuándo quiere el billete? 표를 언제로 해 드릴까요?

- ¿En primera clase o en turista? 일등석을 원하세요 아니면 이코노미석을 원하시나요?
  ¿Le pongo en clase business o en turista?
  비지니스석으로 아니면 이코노미석으로 해 드릴까요?
  Voy a viajar en clase business. 비즈니스석으로 여행하려고 합니다.
  En turista, por favor. 이코노미석으로 부탁합니다.

- Déjeme ver si hay asientos disponibles. 사용 가능한 좌석이 있는지 봐 드릴게요.
  〈Dejar + 동사원형〉은 "~하게 내버려 두다"의 의미.
  Déjeme enseñarle el folleto. 팜플렛을 보여드릴게요.

- Sí, todavía quedan asientos. 네, 아직 좌석이 남아 있습니다.
  No queda ningún asiento. 좌석이 하나도 남아 있지 않습니다.

- ¿Quiere que le reserve un asiento? 한 좌석 예약해 드릴까요?
  〈¿Quiere que yo + 접속법 현재〉는 "제가 ~해 드릴까요?"라는 의미의 표현.
  ¿Quiere que le traiga agua? 물 갖다 드릴까요?

어휘_비행기 여행

- 항공사 — la compañía aérea — 꼼빠니아 아에레아
- 국내선 — la línea doméstica — 리네아 도메스띠까
- 국제선 — la línea internacional — 리네아 인떼르나씨오날
- 비행 — el vuelo — 부엘로
- 비행편명 — el número de vuelo — 누메로 데 부엘로
- 탑승구 — la puerta — 뿌에르따
- 탑승구 번호 — el número de puerta — 누메로 데 뿌에르따
- 탑승권 — la tarjeta de embarque — 따르헤따 데 엠바르께
- 목적지 — el destino — 데스띠노
- 이코노미 클래스 — clase turista — 끌라세 뚜리스따
- 비즈니스 클래스 — clase business — 끌라세 비즈니스
- 일등석 — primera clase — 쁘리메라 끌라세
- 이륙 — el despegue — 데스뻬게
- 착륙 — el aterrizaje — 아떼리싸헤
- 비행기에 탑승하다 — abordar un avión — 아보르다르 운 아비온
- 갈아타다 — hacer escala — 아쎄르 에스깔라
- 대기자 명부 — la lista de espera — 리스따 데 에스뻬라
- 현지시간 — la hora local — 오라 로깔
- 시차 — la diferencia horaria — 디페렌씨아 오라리아
- 시차증 — el jet lag — 제뜨락
- 연착하다 — retrasar — 레뜨라사르
- 연착 — el retraso — 레뜨라소
- 배낭여행 — el viaje de mochilero — 비아헤 데 모칠레로
- 배낭 여행객 — el(la) mochilero(a) — 모칠레로(라)

¡스페인이 궁금해요!

스페인 사람들의 고정관념과 지역색

스페인 사람들은 정열적이고 친절하며 생기와 활기가 넘치는 민족이다. 단점으로는 게으르고 체계적이지 않으며 말이 많은 수다쟁이들이고 과장이 심하기도 하다. 어디서나 시끄럽다는 평판이 나있고 말하기에 집중한 나머지 경청하는 능력이 부족한 편이다. 스페인을 처음 여행한다면 스페인 공항이나 지하철, 사람이 많은 바 등에서 "시끄럽다"라는 느낌을 대부분 받을 것이다. 지역별로도 독특한 지역색이 나타난다. 안달루시아 사람들은 따뜻한 기후의 영향으로 유쾌하고 상냥한 반면 게으른 편이고, 갈리시아인들은 집에 있기를 좋아하고 과묵하며 우유부단하다. 바스크인들은 과장이 심하고 거칠고 폐쇄적인 성격을 가지고 있다. 스페인에서 가장 부유한 지역인 카탈루냐인들은 부지런하고 개방적이나 거만하며 구두쇠인 편이다.

"A los catalanes les cuesta mucho rascarse el bolsillo." 카탈루냐 사람들의 지갑을 긁어내기는 힘들다.(바르셀로나 사람들의 인색함)

"Los andaluces son capaces de reírse de sí mismo." 안달루시아 사람들은 자기 자신 스스로에 대해서도 웃어버릴 수 있다.(안달루시아 사람들의 유쾌함과 유머)

"Gallegos nunca se sabe si suben o si bajan." 갈리시아 사람들이 계단을 올라갈 건지 아니면 내려갈 건지 절대로 알 수 없다.(갈리시아 사람들의 우유부단함)

7. En el aeropuerto

공항

대화

부에나스 따르데스 세뇨르 아돈데 비아하
Empleada: Buenas tardes, señor. ¿Adónde viaja?
안녕하세요, 선생님. 어디로 여행하십니까?

보이 아 부에노스 아이레스
Viajero: Voy a Buenos Aires.
부에노스 아이레스로 갑니다.

메 뿌에데 다르 수 비예떼 뽀르 파보르
Empleada: ¿Me puede dar su billete, por favor?
티켓 좀 주실 수 있으세요?

끌라로 아끼 로 띠에네
Viajero: Claro, aquí lo tiene.
물론이죠, 여기 있습니다.

수 빠사뽀르떼 뽀르 파보르
Empleada: Su pasaporte, por favor.
여권도 좀 부탁합니다.

아끼 로 띠에네
Viajero: Aquí lo tiene.
여기 있습니다.

께 아시엔또 쁘레피에레 우스뗄 빠시요 오 벤따니야
Empleada: ¿Qué asiento prefiere usted, pasillo o ventanilla?
어떤 좌석을 선호하세요, 복도 쪽 아니면 창가 쪽요?

Viajero: Prefiero pasillo.
쁘레피에로 빠시요
복도쪽으로 원합니다.

Empleada: ¿Cuántas maletas va a facturar?
꾸안따스 말레따스 바 아 팍뚜라르
가방은 몇 개 부치실 겁니까?

Viajero: Dos maletas.
도스 말레따스
가방 두 개입니다.

Empleada: Todo está en orden. Aquí está su tarjeta de embarque y su pasaporte.
또도 에스따 엔 오르덴 아끼 에스따 수 따르헤따 데 엠바르께 이 수 빠사뽀르떼
다 됐습니다. 여기 탑승권과 여권 있습니다.

Su número de asiento es el 17(diecisiete)B. Tiene que embarcar por la puerta 12 (doce).
수 누메로 데 아시엔또 에스 엘 디에씨시에떼 베 띠에네 께 엠바르까르 뽀르 라 뿌에르따 도쎄
좌석번호는 17B입니다. 12번 대기실에서 탑승하셔야 합니다.

Viajero: Muchas gracias. Es usted muy amable.
무차스 그라씨아스 에스 우스뗏 무이 아마블레
감사합니다. 아주 친절하시군요.

어휘

el aeropuerto 아에로뿌에르또 공항   el pasaporte 빠사뽀르떼 여권
el pasillo 빠시요 복도   la ventanilla 벤따니야 창문   la maleta 말레따 가방
facturar 팍뚜라르 수화물을 접수시키다   el orden 오르덴 질서
la tarjeta 따르헤따 카드   el embarque 엠바르께 탑승
embarcar 엠바르까르 탑승하다   la puerta 뿌에르따 문, 게이트
amable 아마블레 친절한

마드리드 국제공항은 시내에서 약 13km 떨어져 있는 바라하스 Barajas 국제공항이다. 4개의 터미널이 있는데 T1(terminal uno), T2(terminal dos), T3(terminal tres)는 같은 건물에 있지만, T4(terminal cuatro)는 좀 떨어져 있어 버스를 타고 이동해야 한다. T1는 국제 항공사들이, T2는 유럽 항공사들이 이용하고 있으며 T4는 기타 유럽 항공사들과 스페인 항공사들이 이용한다. 공항 전용버스(Exprés Aeropuerto)를 타면 공항에서 시내까지 약 30분 걸린다. 택시로는 약 20~30분 정도 걸리며 요금은 약 25~30유로 정도가 나온다. 터미널 4에서는 근교열차(Cercanías 쎄르까니아스)를 이용하면 요금도 저렴하고 편리하다. 공항에서 지하철(metro 메뜨로)을 이용하면 45분이면 시내에 도착할 수 있다.

세비야 공항

마드리드 바라하스 공항

비행기 출발 전광판

- ¿Adónde viaja? 어디로 여행하십니까?

  전치사 a(~로)와 의문사 dónde(어디에)가 함께 올 경우에는 adónde로 붙여 쓴다.

  ¿Dónde viaja? 어디로 여행하세요?

- ¿Me puede dar su billete, por favor? 당신의 표를 주실 수 있으세요?

  <¿Me puede dar + 동사원형>은 "~을 주실 수 있으세요?"를 의미하는 표현.

  ¿Me puede dar su pasaporte, por favor? 당신의 여권을 주실 수 있으세요?

- ¿Cuántas maletas va a facturar? 몇 개의 가방을 부치실 겁니까?

  ¿Cuántas maletas quiere facturar?

  몇 개의 가방을 부치실 겁니까?

- Aquí está su tarjeta de embarque. 여기 탑승권 있어요.

  상대에게 뭔가를 건넬 때 쓰는 표현.

  Aquí tiene. 여기 있습니다.

  Aquí están. 여기 있습니다.(물건이 여러 개일 경우)

어휘_공항

- 수하물 — el equipaje — 에끼빠헤
- 수하물 접수하다 — facturar el equipaje — 팍뚜라르 엘 에끼빠헤
- 수하물표 — el talón de equipaje — 딸론 데 에끼빠헤
- 체크인 — la facturación — 팍뚜라씨온
- 체크인 데스크 — el mostrador de facturación — 모스뜨라도르 데 팍뚜라씨온
- 출발 라운지 — la sala de preembarque — 살라 데 쁘레엠바르께
- 환승 프런트 — el mostrador de tránsito — 모스뜨라도르 데 뜨란시또
- 면세점 — la tienda libre de impuestos — 띠엔다 리브레 데 임뿌에스또스
- 여행가방 — la maleta — 말레따
- 수하물 컨베이어 — la recogida de equipaje — 레꼬히다 데 에끼빠헤
- 세관 — la aduana — 아두아나
- 출입국 심사 — el control de pasaporte — 꼰뜨롤 데 빠사뽀르떼
- 경유 — la via — 비아
- 트랜짓(경유) 승객 — el pasajero con tránsito — 빠사헤로 꼰 뜨란시또
- 트랜짓(경유) 카드 — la tarjeta de tránsito — 따르헤따 데 뜨란시또
- 비상구 — la salida de emergencia — 살리다 데 에메르헨씨아
- 방송 — el anuncio — 아눈씨오

¡ 스페인이 궁금해요!

스페인의 공식언어

스페인어는 로마 식민지 시대의 라틴어에 뿌리를 두고 있다. 스페인에는 네 개의 공식 언어가 있다. 까스떼야노(castellano)라고 불리우는 스페인 전 영토에서 쓰이는 공용어인 카스티야어(español), 스페인 북부 지방의 바스크 지방에서 쓰이는 바스크어(vasco 혹은 euskera), 바르셀로나 등지의 카탈루냐 지방에서 쓰는 카탈루냐어(catalán), 북서부 지역의 갈리시아 지역에서 쓰는 갈리시아어(gallego)가 있다. 카탈루냐어는 프랑스어와, 갈리시아어는 포르투갈어와 유사하다. 갈리시아, 카탈루냐, 바스크 지역의 사람들은 공용어인 카스티야어와 함께 자신의 지역 언어 두 개의 언어를 구사할 줄 아는 이중 언어 구사자이다. 학교나 공적인 장소 등지에서는 공용 스페인어가 사용된다. 스페인이라는 나라에 대한 애국심보다는 자신들의 지역에 대한 자부심과 애향심이 더 크다. 외국에서 만난 스페인 사람들에게 출신지를 물으면 Soy español(난 스페인 사람이야)이라고 대답하기 보다는 Soy catalán(난 카탈루냐 사람이야)이라고 대답하는 것을 더 좋아한다.

한국어	카스티야어	카탈루냐어	갈리시아어	바스크어
안녕하세요	Hola 올라	Hola 올라	Ola 올라	Kaixo 까이쇼
안녕 (아침인사)	Buenos días 부에노스 디아스	Bon dia 본 디아	Bos días 보스 디아스	Egun on 에군 온
안녕 (오후인사)	Buenas tardes 부에나스 따르데스	Bona tarda 보나 따르다	Boas tardes 보아스 따르데스	Arratsalde on 아라찰데 온
안녕 (밤인사)	Buenas noches 부에나스 노체스	Bona nit 보나 닛	Boas noites 보아스 노이떼스	Gabon 가본
안녕히 가세요	Adiós 아디오스	Adéu 아데우	Adeus 아데우스	Agur 아구르
나중에 봐요	Hasta luego 아스따 루에고	Fins després 핀스 다스프레스	Ata logo 아딸로고	Gero arte 헤로 아르떼
고맙습니다	Muchas gracias 무차스 그라시아스	Moltes gràcies 몰따스 그라시아스	Moites grazas 모이따스 그라사스	Eskerrik asko 에스케리까스코

08. En el avión

비행기 기내

대화

Azafata: _{빠라 쎄나르 끼에레 뽀요 꼰 아로쓰 오 비스떽 꼰 피데오스}
Para cenar, quiere pollo con arroz o bistec con fideos?

승무원: 저녁으로 치킨과 밥을 드시겠어요 아니면 소고기 스테이크와 면을 드시겠어요?

Pasajero: _{요 끼에로 뽀요 꼰 아로쓰}
Yo quiero pollo con arroz.

승객: 전 치킨과 밥으로 주세요.

Azafata: _{발레 아끼 에스따 라 꼬미다 끼에레 운 뽀꼬 데 비노}
Vale. Aquí está la comida. ¿Quiere un poco de vino?

네, 여기 있습니다. 와인 조금 원하세요?

Pasajero: _{씨 끼에로 비노 띤또}
Sí, quiero vino tinto.

네, 레드와인요.

Azafata: _{발레 아오라 세 로 시르보}
Vale. Ahora se lo sirvo.

네, 지금 드릴게요.

Pasajero: _{아 뿌에데 뜨라에르메 오뜨라 만따 뽀르 파보르 뗑꼬 운 뽀꼬 데 프리오}
Ah, ¿puede traerme otra manta, por favor? Tengo un poco de frío.

아, 담요 하나 더 갖다 주실래요? 조금 추워요.

Azafata: Sí, enseguida se la traigo. ¿Algo más?
네, 바로 갖다 드릴게요. 또 다른 거는요?

Pasajero: ¿Puede traerme unos auriculares?
이어폰 조금 갖다 주시겠어요?

Azafata: Claro, espere un momento.
물론이죠. 조금만 기다리세요.

Pasajero: ¿Cuánto tiempo falta para aterrizar en Buenos Aires?
부에노스 아이레스 도착하는데 얼마 남았나요?

Azafata: Todavía faltan cinco horas.
아직 5시간 남았어요.

어휘

para 빠라 ~를 위하여   cenar 쎄나르 저녁을 먹다   el pollo 뽀요 치킨
el arroz 아로쓰 밥   el bistec 비스텍 소고기 스테이크
los fideos 피데오스 면, 국수   la comida 꼬미다 음식   un poco 운 뽀꼬 조금
el vino 비노 와인   el tinto 띤또 레드 와인   servir 세르비르 서빙하다
otro(a) 오뜨로 다른   la manta 만따 담요   el frío 프리오 추위
los auriculares 아우리꿀라레스 이어폰   enseguida 엔세기다 곧, 즉시
el momento 모멘또 순간   cuánto 꾸안또 얼마나 많은   el tiempo 띠엠뽀 시간, 때
faltar 팔따르 부족하다, 아직 남아 있다   aterrizar 아떼리싸르 착륙하다
la hora 오라 시간, 시각

생생 여행 TIP

Tránsito(뜨란시또 통과)는 목적지에 도착하기 전에 다른 국가의 공항에 들르는 경우를 말한다. 연료 보급을 하기 위함이며 이 때 기내 청소를 하기 때문에 승객들은 비행기에서 나가 대합실에서 대기해야 한다. Transbordo(뜨란스보르도 환승)은 비행기가 직항이 아닌 경우 다른 비행기로 갈아타는 것을 의미한다. 해당 항공사의 자국에서 다른 비행기로 갈아타고 최종 목적지로 가게 된다.

공항 안내 표시판

마드리드 공항 출국장

비행기 기내

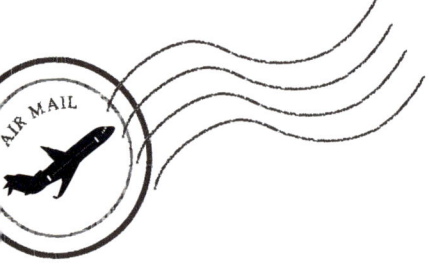

- ¿Quiere un poco de vino? 와인 조금 드시겠어요?

  ¿Quiere más pan? 빵 더 드시겠어요?

  ¿Quiere más cerveza? 맥주 더 드시겠어요?

  ¿Quiere más café? 커피 더 드시겠어요?

- Quiero vino tinto. 레드 와인을 원해요.

  Quiero vino blanco. 화이트 와인을 원해요.

  Quiero un poco de agua. 물 조금 마시고 싶어요.

  Un zumo de manzana, por favor. 사과주스 주세요.

- ¿Puede traerme otra manta, por favor? 담요 한 개 더 갖다 주시겠어요?

  ¿Puede traerme otro formulario? 용지 하나만 더 갖다 주시겠어요?

  ¿Puede traerme unos tapones? 귀마개 좀 갖다 주시겠어요?

- Tengo un poco de frío. 조금 추워요.

  Tengo un poco de calor. 조금 더워요.

  Tengo mucho frío. 아주 추워요.

- ¿Cuánto tiempo falta para aterrizar? 착륙하는데 얼마 남았어요?

  ¿Cuánto tiempo falta para llegar? 도착하는데 얼마 남았어요?

어휘_비행기 기내

- 스튜어디스   la azafata   아싸파따
- 승무원   el tripulante   뜨리뿔란떼
- 승객   el pasajero   빠사헤로
- 파일럿   el piloto   삘로또
- 기장   el capitán   까삐딴
- 안전벨트   el cinturón de seguridad   씬뚜론 데 세구리닫
- 구명재킷   el chaleco salvavidas   찰레꼬 살바비다스
- 담요   la manta   만따
- 귀마게   los tapones   따뽀네스
- 멀미   el mareo   마레오
- 멀미봉지   la bolsa para vomitar   볼사 빠라 보미따르
- 면세품   el artículo libre de impuestos
  아르띠꿀로 리브레 데 임뿌에스또스
- 식사   la comida   꼬미다
- 비상   la emergencia   에메르헨씨아
- 통로   el pasillo   빠시요
- 이어폰   los auriculares   아우리꿀라레스
- 화장실   el servicio   세르비씨오
- 비어있는   vacante, libre   바깐떼, 리브레
- 사용중인   ocupado   오꾸빠도
- 짐칸   el compartimento superior
  꼼빠르띠멘또 수뻬리오르
- 접이식 테이블   la bandeja   반데하
- 고소 공포증   la aerofobia   아에로포비아
- 구토   el vómito   보미또

¡ 스페인이 궁금해요!

바디 랭귀지

스페인과 같은 감정과 표현력이 풍부한 나라에서는 자세, 시선, 제스처 및 얼굴 표정 같은 바디 랭귀지가 상대와의 친근하고 호감도 높은 대화를 이끌어 내기 위해 아주 중요하다. 스페인 사람들은 손을 묶어 놓으면 말을 하지 못한다는 농담을 할 정도로 말할 때 손을 많이 사용한다. 스페인에서 호감 가는(simpático 심빠띠꼬)한 사람이 되기 위해 가장 필요한 것이 바로 웃는 얼굴이다. 스페인 사람들은 상대와 대화를 나눌 때 가장 편한 거리가 50cm이다. 그리고 친한 상대방을 만지는 것을 좋아한다. 다음과 같은 제스처를 미리 배워 둔다면 스페인 사람들과 의사 소통시 많은 도움이 될 것이다.

좋아  | 잘했어, 대박  | 완전 좋아해, 훌륭해

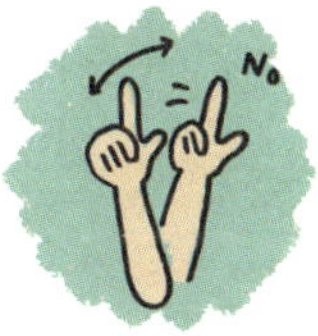

아니오  | 조금만요  | 돈이 많이 들어

먹고싶어  | 정지, 멈춰  | 조심해!

09. En el control de pasaportes

입국심사

대화

뿌에도 베르 수 빠사뽀르떼 뽀르 파보르
Funcionario: ¿Puedo ver su pasaporte, por favor?
당신의 여권을 좀 볼 수 있을까요?

끌라로 아끼 띠에네
Viajera: Claro. Aquí tiene.
물론이죠. 여기 있습니다.

데스데 돈데 비아하
Funcionario: ¿Desde dónde viaja?
어디서 오시는 거예요?

데스데 꼬레아 델 수르
Viajera: Desde Corea del Sur.
한국에서 왔습니다.

PASAPORTE DE ESPAÑA PASAPORTE DE COREA DEL SUR

꾸알 에스 엘 모띠보 데 수 비시따
Funcionario: ¿Cuál es el motivo de su visita?
방문 목적이 무엇입니까?

벵고 데 비아헤 데 에스뚜디오스
Viajera: Vengo de viaje de estudios.
어학연수하러 왔어요.

꾸안또 띠엠뽀 바 아 뻬르마네쎄르 아끼
Funcionario: ¿Cuánto tiempo va a permanecer aquí?
여기서 얼마 동안 머무실 겁니까?

Viajera: Tres meses.
뜨레스 메세세
3개월요.

Funcionario: ¿Dónde va a alojarse?
돈데 바 아 알로하르세
어디서 머무실 예정입니까?

Viajera: Voy a quedarme en una residencia de estudiantes.
보이 아 께다르메 엔 우나 레시덴씨아 데 에스뚜디안떼스
학생 기숙사에서 머물 예정입니다.

Funcionario: Debe rellenar este formulario de inmigración.
데베 레예나르 에스떼 포르물라리오 데 인미그라씨온
입국 양식서 작성하셔야 합니다.

Viajera: De acuerdo.
데 아꾸에르도
알겠습니다.

어휘

el pasaporte 빠사뽀르떼 여권   el favor 파보르 호의   aquí 아끼 여기
desde 데스데 ~로부터   dónde 돈데 어디에   viajar 비아하르 여행하다
el sur 수르 남쪽, 남부   cuál 꾸알 무엇   el motivo 모띠보 동기   su 수 당신의
la visita 비시따 방문   venir 베니르 오다   el viaje 비아헤 여행
el estudio 에스뚜디오 공부   cuánto 꾸안또 얼마나 많은   el tiempo 띠엠뽀 시간
permanecer 뻬르마네쎄르 체류하다   el mes 메스 달, 월
alojarse 알로하르세 숙박하다   quedarse 께다르세 머물다
la residencia de estudiantes 레시덴씨아 데 에스뚜디안떼스 기숙사
deber 데베르 ~해야 한다   rellenar 레예나르 기입하다, 작성하다
este 에스떼 이   el formulario 포르물라리오 양식
la inmigración 인미그라씨온 입국   el acuerdo 아꾸에르도 동의

생생 여행 TIP

단순 관광 목적의 방문일 경우 90일간은 비자 없이 체류가 가능하다. 90일 이상 체류를 원할 경우 비자를 발급받아야 한다. 비자 취득 후 스페인에 장기 체류하게 되면 거주허가증(Recidencia)을 취학이 목적인 경우는 학생증(Tarjeta de Estudiante)을 취득해야 한다. 한국에서 직항으로 스페인에 도착할 때는 입국신고서를 작성하고, EU국가를 경유할 경우 경유지에서는 입국 신고서를 작성하고 스페인에서는 따로 작성하지 않는다. 직항으로 도착할 때는 입국 심사대(Control de Pasaportes)에서 여권과 기내에서 작성한 입국카드를 제출하면 된다.

출입국 심사대

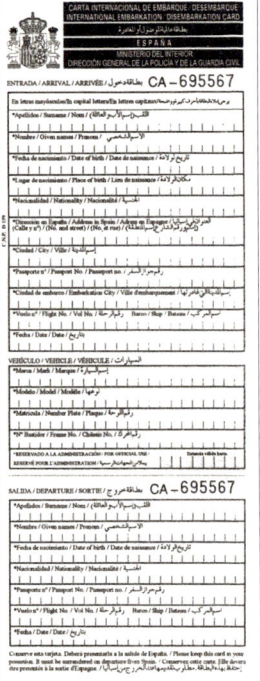

입국 심사 카드 양식

- ¿Puedo ver su pasaporte, por favor? 당신의 여권을 좀 봐도 될까요?

  〈¿Puedo + 동사원형?〉은 "제가 ~해도 될까요?"라는 표현.

  ¿Puedo pedirle un favor? 부탁 하나 드려도 될까요?

- ¿Cuál es el motivo de su visita? 방문 목적이 무엇입니까?

  ¿Qué va a hacer en España? 스페인에서 무엇을 할 예정입니까?

- Vengo de viaje de estudios. 어학 연수하러 왔어요.

  Soy turista. 저는 관광객입니다.

  Vengo a viajar por España. 스페인 여행하려고 왔습니다.

  Vengo a visitar a unos amigos. 친구들을 방문하려고 왔습니다.

- ¿Cuánto tiempo va a permanecer aquí? 얼마 동안 여기서 머무르실 겁니까?

  〈ir + a + 동사원형〉은 "~할 예정이다"라는 의미의 표현.

  ¿Cuánto tiempo va a estar en España? 스페인에 얼마 동안 머물 예정이세요?

  ¿Cuánto tiempo va a quedarse en México? 멕시코에 얼마 동안 머물 예정이세요?

- De acuerdo. 알겠습니다.

  ¡Estupendo! 아주 좋습니다.

  ¡Genial! 아주 좋아요.

  Perfecto 아주 좋아요.

어휘 _입국심사

• 출입국 심사	el control de pasaportes	꼰뜨롤 데 빠사뽀르떼스
• 입국	la entrada	엔뜨라다
• 출국	la salida	살리다
• 여권	el pasaporte	빠사뽀르떼
• 비자	el visado	비사도
• 입국신고서	el formulario de inmigración 포르물라리오 데 인미그씨온	
• 체류	la estancia	에스딴씨아
• 비행편	el vuelo	부엘로
• 비행편명	el número de vuelo	누메로 데 부엘로
• 전화	el teléfono	뗄레포노
• 외국인	el(la) extranjero(a)	엑스뜨랑헤로(라)
• 국적	la nacionalidad	나씨오날리닫
• 주소	la dirección	디렉씨온
• 직업	la profesión	쁘로페시온
• 결혼여부	el estado civil	에스따도 씨빌
• 성별	el sexo	섹소
• 생년월일	la fecha de nacimiento	페차 데 나씨미엔또
• 비거주자	no residente	노 레시덴떼
• 관광	el turismo	뚜리스모
• 사업	los negocios	네고씨오스
• 공부	el estudio	에스뚜디오
• 출장	el viaje de trabajo	비아헤 데 뜨라바호
• 신혼여행	la luna de miel	루나 데 미엘
• 단체여행	el paquete turístico	빠께떼 뚜리스띠꼬

¡스페인이 궁금해요!

아랍문화

스페인은 인종 및 문화적 측면에서 다른 유럽 국가들에 비하여 동양적인 색채를 가지고 있는 이유는 바로 이슬람적 요소를 띄고 있어서이다. 스페인은 약 800년 동안 아랍의 지배를 받았다. 따라서 스페인 사람들의 외모가 다른 유럽인들에 비해 키가 작고 눈동자와 머리카락이 검으며 피부색 또한 어두운 갈색 빛을 띄는 것이다. 아랍의 영향을 받은 건축물로는 코르도바의 이슬람 사원, 그라나다의 알람브라 궁전, 세비야의 알카사르, 히랄다의 탑, 황금탑, 사라고사의 알하페리아 왕궁 등이 있다. 아랍어가 스페인어에 많은 영향을 미쳤으며 약 4000여개의 단어들이 아랍어에서 유래되었다. hola(올라 안녕), azúcar(아쑤까르 설탕), azul(아쑬 파랑색), alubia(알루비아 강낭콩), arroz(아로쓰 쌀), jarabe(하라베 시럽), alfombra(알폼브라 카펫)... 등 이 외에도 수없이 많다. "al"로 시작하는 대부분의 스페인어 단어는 아랍어에서 파생되었다.

세비야 황금탑

세비야 히랄다 탑

코르도바 메스키타 사원

그라나다 알람브라 궁전

10. En la aduana

세관

*스페인에서는 세관 신고서를 작성하지 않고, 중남미 국가간 이동시에는 작성한다.

대 화

수 빠사뽀르떼 이 데끌라라씨온 아두아네라 뽀르 파보르
Aduanero: Su pasaporte y declaración aduanera, por favor.
세관원: 여권과 세관신고서 부탁합니다.

아끼 띠에네
Viajera: Aquí tiene.
여행객: 여기 있습니다.

띠에네 알고 께 데끌라라르
Aduanero: ¿Tiene algo que declarar?
신고할 게 있습니까?

노 노 뗑고 나다 께 데끌라라르
Viajera: No, no tengo nada que declarar.
아니오, 신고할 품목이 아무 것도 없습니다.

꾸안따스 말레따스 예바 우스뗃
Aduanero: ¿Cuántas maletas lleva usted?
가방이 몇 개입니까?

도스 말레따스
Viajera: Dos maletas.
두 개 입니다.

뿌에데 아브리르 에스따 말레따
Aduanero: ¿Puede abrir esta maleta?
이 가방 열어봐 주시겠어요?

Viajera: Sí, solo llevo ropa y unas cosas personales.
씨 솔로 예보 로빠 이 우나스 꼬사스 뻬르소날레스
네, 옷과 개인용품만 갖고 있습니다.

Aduanero: ¿No lleva objetos prohibidos?
노 예바 오브헤또스 쁘로이비도스
금지품목은 없습니까?

Viajera: No, no tengo nada de eso.
노 노 뗑고 나다 데 에소
아니오, 그런 것은 전혀 없습니다.

Aduanero: ¿Qué tiene en esta maleta pequeña?
께 띠에네 엔 에스따 말레따 뻬께냐
이 작은 가방에는 뭐가 들어 있나요?

Viajera: Tengo dos botellas de vino. Son regalos para mis amigos.
뗑고 도스 보떼야스 데 비노 손 레갈로스 빠라 미스 아미고스
와인 두 병 있어요. 친구들 선물용입니다.

Aduanero: Vale. Eso es todo. Ya puede irse.
발레 에소 에스 또도 야 뿌에데 이르세
네, 다 됐습니다. 이제 가셔도 됩니다.

어휘

la declaración aduanera 데끌라라씨온 아두아네라 세관 신고서
algo 알고 무엇인가   declarar 데끌라라르 신고하다   nada 나다 아무것
cuántos(as) 꾸안또스 얼마나 많은   la maleta 말레따 여행용 가방
llevar 예바르 가지고 가다   la ropa 로빠 옷   la cosa 꼬사 물건
personal 뻬르소날 개인적인   el objeto 오브헤또 물건
prohibido 쁘로이비도 금지된   eso 에소 그것   pequeño(a) 뻬께뇨 작은
la botella 보떼야 병   el vino 비노 와인   el regalo 레갈로 선물
irse 이르세 떠나다   vale 발레 좋아, 오케이   ya 야 이제

생생 여행 TIP

스페인에서는 세관 신고서를 따로 작성하지 않는다. 단, 중남미 국가의 국경간 이동시에는 세관신고서를 작성한다. 신고할 물품이 없다면 녹색 게이트에서 출구를 통과하면 되고 면세범위 초과시 세관신고한다. TAX FREE 로고가 부착된 상점 또는 백화점에서 90.15유로 이상의 물품을 구입하고 3개월 이내 출국하게 되면 세금을 환급 받을 수 있다. 구매한 상점에서 환급 증명서(Refund Cheque)을 작성해서 공항 세관에 구입한 물품과 함께 제출하면 확인 도장을 받는다. 스페인 혹은 EU 최종출발국가의 공항 내 환불창구에 제출하면 환불받을 수 있다.

귀국할 때 구입한 물품의 면세한도는 600달러이고, 담배는 한 보루(200개피), 술은 1리터 이하 양주 한 병, 향수는 60ml가 추가반입 가능하다. 면세한도를 초과한 품목에 관해서는 세관신고서에 기재하여 자진신고 해야한다.

수하물 컨베이어
(마드리드 바라하스 국제공항)

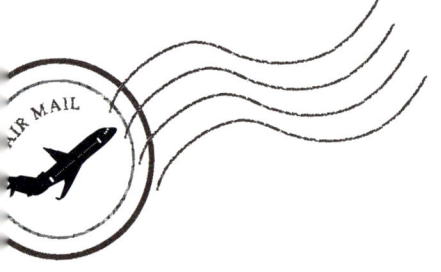

수하물 컨베이어
(바르셀로나 엘프랏 공항)

- ¿Tiene algo que declarar? 신고할 품목 있습니까?

  〈algo que + 동사원형〉은 "~할 어떤 것"을 의미하며, 〈algo para + 동사원형〉과 동일한 표현.

  ¿Tiene algo para declarar? 신고할 물건이 있습니까?

  Tengo algo para comer. 먹을 것이 있어요.

- No tengo nada que declarar. 신고할 물건이 아무것도 없습니다.

  〈nada que + 동사원형〉은 "~할 것이 아무것도 없다"는 의미이며 〈nada para + 동사원형〉과 동일한 표현.

  No tengo nada para declarar. 신고할 물건이 아무것도 없습니다.

  No tengo nada para comer. 먹을 것이 아무것도 없어요.

- Tengo dos botellas de vino. 와인 두 병 있습니다.

  Tengo una botella de whisky. 위스키 한 병 있습니다.

  ¿Tengo que pagar impuestos? 세금을 지불해야 하나요?

- Eso es todo. 그게 다예요.

  Ya está todo listo. 다 준비 됐습니다.

  Ya está. 다 됐습니다.

  Ya. 다 됐어요.

어휘_세관

- 세관신고서   la declaración de aduana   데끌라라씨온 데 아두아나
- 세관원   el(la) aduanero(a)   아두아네로(라)
- 세금   el impuesto   임뿌에스또
- 수하물   el equipaje   에끼빠헤
- 수하물표   la etiqueta identificatoria
  에띠께따 이덴띠피까또리아
- 핸드캐리용 가방   el equipaje de mano   에끼빠헤 데 마노
- 알코올   la bebida alcohólica   베비다 알꼬올리까
- 담배   el tabaco   따바꼬
- 면세   libre de impuestos   리브레 데 임뿌에스또스
- 선물   el regalo   레갈로
- 녹색불   la luz verde   루쓰 베르데
- 빨간불   la luz roja   루쓰 로하
- 세관법   el derecho de aduana   데레초 데 아두아나
- 세관을 통과하다   pasar por la aduana   빠사르 뽀르 라 아두아나
- 마약   la droga   드로가
- 벌금   la multa   물따
- 식물   la planta   쁠란따
- 농산물   los productos agrícolas   쁘로둑또스 아그리꼴라스

¡ 스페인이 궁금해요!

스페인의 파티문화

말하기를 좋아하고 사람들과 함께 있는 것을 좋아하는 스페인 사람들은 집에 있는 것보다 밖으로 나가서 즐기는 것을 좋아한다. 스페인에서 파티(fiesta 피에스따)는 거창한 것이 아니라 세 명만 모이면 파티를 할 수 있을 정도로 흔한 것이다. 주말에 나가지 않고 파티를 하지 않으면 자칫 생활이 지루해 질 수도 있다. 20대 청년들은 거리나 광장 등에서 보떼욘(botellón 맥주 병을 병째 들고 거리에서 마시는 젊은이를 일컫는 말)이 되어 술을 마시거나 술집 또는 클럽 등을 밤새 전전하며 즐긴다. 빨리 마시고 취하고 헤어지는 우리나라 음주문화와는 달리 밤 11시경이 되어야 시작되고 천천히 마시면서 밤새 즐기기를 원한다. 스페인의 클럽은 대부분 1시 30분쯤 시작된다. 30대가 되면 길거리의 야외 테라스가 있는 바나 술집 등에서 저녁을 먹거나 타파스와 술을 먹으며 서로 이야기를 나누는 것을 더 좋아한다.

기숙사 옥상 파티

플라멩코 수업 종강 파티

스페인어 교사과정 종강파티

거리에서 술마시는
젊은이들(botellones)

11. En la casa de cambio

환전소 ▼

대화

메 구스따리아 깜비아르 워네스 아 에우로스
Cliente: Me gustaría cambiar wones a euros.
원화를 유로로 환전하고 싶습니다.

발레 수 빠사뽀르떼 뽀르 파보르
Empleado: Vale. Su pasaporte, por favor.
네. 여권 좀 부탁합니다.

아끼 로 띠에네
Cliente: Aquí lo tiene.
여기 있습니다.

무이 비엔
Empleado: Muy bien.
아주 좋습니다.

아 꾸안또 에스따 라 따사 데 깜비오 엔뜨레 워네스 이 에우로스
Cliente: ¿A cuánto está la tasa de cambio entre wones y euros?
원화와 유로 간에 환율이 얼마입니까?

라 따사 데 깜비오 에스따 엔 에스따 리스따 운 에우로 손 밀 꽈뜨로씨엔또스 워네스
Empleado: La tasa de cambio está en esta lista. Un euro son 1.400(mil cuatrocientos) wones.
환율은 이 목록에 있습니다. 1유로에 1,400원입니다.

Cliente: ¿Cobran comisión?
환전 수수료를 받나요?

Empleado: Sí, son 8(ocho) céntimos por cada euro.
네, 1유로에 8센트입니다.

Cliente: ¿Puede cambiarme este dinero en billetes más pequeños?
이 돈을 더 작은 지폐로 바꿔 줄 수 있나요?

Empleado: Claro. ¿Cómo lo quiere?
물론이죠. 어떻게 원하시나요?

Cliente: Uno de 50(cincuenta) euros, dos de 20(veinte) y uno de 10(diez).
50유로 1개, 20유로 2개 그리고 10유로 1개를 원합니다.

Empleado: Firme aquí, por favor.
여기 서명하세요.

어휘

cambiar 깜비아르 바꾸다   el euro 에우로 유로   su 수 당신의
el pasaporte 빠사뽀르떼 여권   cuánto 꾸안또 얼마나 많이
la tasa de cambio 따사 데 깜비오 환율   entre 엔뜨레 사이에
la lista 리스따 목록   cobrar 꼬브라르 돈을 징수하다   cada 까다 각각의
la comisión 꼬미시온 수수료   el céntimo 쎈띠모 센트   el dinero 디네로 돈
el billete 비예떼 지폐   pequeño(a) 뻬께뇨 작은   firmar 피르마르 서명하다

생생 여행 TIP

1999년 처음으로 유로(euro 에우로)화가 도입되어 통용되고 있다. 호텔은 환율이 아주 비싼 편이다. 지폐는 5, 10, 20, 50, 100, 200, 500유로와 1, 2, 5, 10, 20, 50센트(céntimo 쎈띠모)와 100, 500유로 동전이 있다. 환전은 은행보다는 공항이 더 저렴하므로 되도록이면 공항에서 하는 것이 좋다. 중심가에는 환전소(casa de cambio 까사 데 깜비오)가 있는데 환율이 좋으면 수수료가 다소 높을 수가 있다. 스페인에서는 팁 등을 주기 위해 동전이 많이 쓰이므로 충분히 교환해 두도록 하자!

환전소 Casa de Cambio (바르셀로나)

환전소 (세비야)

유로화 지폐

유로화 동전

- Me gustaría cambiar wones a euros. 원화를 유로화로 바꾸고 싶습니다.

    Quiero cambiar 50 dólares. 50달러를 바꾸고 싶어요.

    Necesito euros, por favor. 유로가 필요합니다.

    Cámbieme 100 dólares a euros. 100달러를 유로로 바꿔 주세요.

- ¿A cómo está la tasa de cambio entre wones y euros? 원화와 유로 환율이 어떻게 돼요?

    ¿Cuál es la tasa de cambio entre dólares y euros? 달러와 유로 환율이 어떻게 돼요?

- Son 1.400 wones a un euro. 1유로에 1,400원입니다.

    Son diez pesos al dólar. 1달러에 10페소입니다.

- ¿Puede cambiarme este dinero en billetes pequeños? 이 돈을 작은 지폐로 바꿔주실 수 있으세요?

    Lo necesito en billetes pequeños. 작은 지폐가 필요합니다.

    Cámbieme en billetes pequeños. 작은 지폐로 바꿔 주세요.

- Firme aquí, por favor. 여기 서명하세요.(usted에 대한 명령)

    Firma aquí, por favor. 여기 서명하세요.(tú에 대한 명령)

어휘_환전

• 환전소	la casa de cambio	까사 데 깜비오
• 환율	la tasa de cambio	따사 데 깜비오
• 달러	el dólar	돌라르
• 파운드	la libra	리브라
• 페소	el peso	뻬소(멕시코, 아르헨티나 등)
• 여행자 수표	el cheque de viaje	체께 데 비아헤
• 현금	efectivo	에펙띠보
• 동전	la moneda	모네다
• 잔돈	cambio, suelto	깜비오, 수엘또
• 수수료	la comisión	꼬미시온
• 서명	la firma	피르마
• 영수증	el recibo	레씨보
• 합계	la cantidad total	깐띠닫 또딸
• 센트	el céntimo	쎈띠모
• 지폐	el billete	비예떼
• 1유로	un euro	운 에우로
• 10유로	diez euros	디에쓰 에우로스
• 20유로	veinte euros	베인떼 에우로스
• 50유로	cincuenta euros	씽꾸엔따 에우로스
• 100유로	cien euros	씨엔 에우로스

¡ 스페인이 궁금해요!

투우 Corrida de toros

플라멩코와 함께 스페인어 정서를 대표하는 문화가 바로 투우이다. 투우는 단순한 스포츠라기 보다는 스페인 사람들에게는 그들의 정서와 문화가 녹아있는 하나의 의식이다. 맨 처음 조연급인 피까도르 picador와 반데리예로 banderillero가 등장하여 소를 흥분시켜 놓으면, 투우사의 주연급이라고 할 수 있는 마따도르 matador가 붉은 천 물레따 muleta를 들고 빠소 도블레 paso doble 음악에 맞추어 명연기를 펼친다. 이 장면이 투우 경기의 하이라이트로 화려한 복장을 한 마따도르가 물레따를 휘저으며 소를 다루는 몸동작은 마치 예술적인 무용과도 같다. 투우사가 용감하고 멋진 쇼를 펼치게 되면 관중석은 ¡Olé, olé! 올레 올레하며 함성을 외치면서 투우장은 흥분의 도가니가 된다. 투우사가 명연기를 펼치게 되면 소의 귀를 전리품으로 받게 된다.

스페인의 투우는 3월 발렌시아의 라스 파야스 축제를 시작으로 10월 사라고사 필라르 축제까지 매주 일요일에 경기가 있다. 그 기간에는 바르셀로나를 제외한 스페인 각지에서 투우 경기를 관람할 수 있다. 남성성의 극치로 상징되는 투우사는 축구선수 다음으로 스페인 사람들에게는 선망의 직업이자 스타로 여겨진다. 국제동물보호협회로부터 많은 비난을 받고 있고 최근 바르셀로나 등의 스페인 일부 지역에서는 금지되지도 했지만 투우는 스페인의 중요한 전통과 문화임에는 틀림없다.

투우 경기 장면

말라가 투우장 라 말라게따

Capítulo 03

호텔

12. 호텔에서 체크인
13. 호텔에서 체크아웃
14. 호텔 룸서비스
15. 호텔에서 문제 발생

그라나다 파라도르 Parador de Granada

15세기에 지어진 아랍식 모스크를 프란시스코 수도회에서 수도원으로 개조한 건물이다. 지금은 스페인 국영 호텔 체인인 '파라도르'로 사용되고 있다. 알람브라 궁전 안에 위치해 스페인 전역의 파라도르 중 가장 인기가 높다.

12. En el hotel

호텔에서 체크인

대화

띠에넨 알구나 아비따씨온 리브레
Viajero: ¿Tienen alguna habitación libre?
여행객: 빈 방 있습니까?

씨 띠에네 레세르바
Recepcionista: Sí. ¿Tiene reserva?
프런트 직원: 네, 예약하셨나요?

노
Viajero: No.
아니요.

끼에레 우나 아비따씨온 인디비두알 오 도블레
Recepcionista: ¿Quiere una habitación individual o doble?
싱글 룸을 원하세요, 아니면 더블 룸을 원하세요?

끼에로 우나 아비따씨온 인디비두알 꼰 바뇨
Viajero: Quiero una habitación individual con baño.
화장실 딸린 싱글 룸을 원합니다.

무이 비엔 꾸안따스 노체스 바 아 께다르세
Recepcionista: Muy bien. ¿Cuántas noches va a quedarse?
좋습니다. 며칠 밤을 머무실 예정이십니까?

끼에로 께다르메 뜨레스 노체스
Viajero: Quiero quedarme tres noches.
3일 밤을 머무르고 싶습니다.

Recepcionista: ¿Quiere una habitación con vistas al mar?
바닷가 전망이 있는 방을 원하시나요?

Viajero: Sí, por favor. ¿Cuánto cuesta la noche en esta habitación?
네, 부탁합니다. 이 방에서 1박하는데 얼마예요?

Recepcionista: Cuesta 70(setenta) euros la noche.
1박에 70유로입니다.

Viajero: ¿Incluye desayuno?
아침 식사도 포함되나요?

Recepcionista: Sí, señor. Servimos un desayuno tipo buffet.
네, 선생님. 뷔페로 아침식사를 제공합니다.

어휘

alguna 알구나 어떤   libre 리브레 (장소가) 빈   la habitación 아비따씨온 방
la reserva 레세르바 예약   individual 인디비두알 싱글의, 1인용의
doble 도블레 2인용의   quedarse 께다르세 머물다   el baño 바뇨 화장실
la vista 비스따 전망   el mar 마르 바다   costar 꼬스따르 값이 얼마이다
la noche 노체 밤   incluir 인끌루이르 포함하다   el señor 세뇨르 ~씨, 선생님
servir 세르비르 제공하다   el desayuno 데사이우노 아침식사
el tipo 띠뽀 타입, 형식   el buffet 부펫 뷔페

여행 TIP

스페인은 관광 산업이 매우 큰 비중을 차지하는 만큼 여행객을 위한 숙박시설의 종류도 다양하고 많다. 호텔(hotel 오뗄), 우리나라의 모텔이나 여관급인 hostal 오스딸, pensión 뻰시온, 취사가 가능한 아파트(piso 삐소), 유스 호스텔(albergue juvenil 알베르게 후베닐), 게스트하우스(casa de huéspedes 까사 데 우에스뻬데스) 등 다양하며 시설과 서비스도 좋은 편이다. 축제기간 등의 성수기를 제외하면 숙박예약은 쉽게 할 수 있다.

Hotel Alfonso XIII (세비아)

Hotel Sóller (마요르카)

호텔에서 체크인 하는 모습

오스딸

- ¿Tienen alguna habitación libre? 빈 방 있습니까?
  ¿Tiene alguna habitación doble? 더블 룸 있습니까?
  Quiero una habitación individual. 싱글 룸을 원합니다.
  Quiero una habitación doble. 더블 룸을 원합니다.

- Quiero quedarme tres noches. 3일 밤을 머무르고 싶습니다.
  Quiero quedarme solo esta noche. 오늘 밤만 머무르고 싶습니다.

- ¿Quiere una habitación con vistas al mar? 바다 전망이 있는 방을 원하세요?
  Quiero una habitación con buenas vistas. 전망 좋은 방을 원합니다.

- ¿Tiene reserva? 예약했나요?
  Tengo una reserva. 예약했습니다.
  He reservado una habitación. 방 한 개를 예약했습니다.

- ¿Incluye desayuno? 아침 식사도 포함되나요?
  ¿Está incluido el servicio? 봉사료가 포함되어 있나요?
  ¿Está incluido el IVA? 부가가치세가 포함되어 있나요?

어휘 _호텔

- 프런트   la recepción   레셉씨온
- 프런트 직원   el(la) recepcionista   레셉씨오니스따
- 지배인   el gerente   헤렌떼
- 수위   el conserje   꼰세르헤
- 예약   la reserva   레세르바
- 로비   el vestíbulo   베스띠불로
- 더블룸   la habitación doble   아비따씨온 도블레
- 싱글룸   la habitación sencilla   아비따씨온 센씨야
- 트윈룸   la habitación con dos camas
  아비따씨온 꼰 도스 까마스
- 금고   la caja fuerte   까하 푸에르떼
- 투숙객   el(la) huésped   우에스뻳
- 벨보이   el botones   보또네스
- 룸 메이드   la camarera de pisos   까마레라 데 삐소스
- 숙박부   la ficha   피차
- 룸서비스   el servicio de habitaciones
  세르비씨오 데 아비따씨오네스
- 청소 서비스   el servicio de limpieza   세르비씨오 데 림삐에싸
- 세탁 서비스   el servicio de lavado   세르비씨오 데 라바도
- 모닝콜 서비스   el servicio de despertador
  세르비씨오 데 데스뻬르따도르
- 체크인   la inscripción   인스끄립씨온
- 체크아웃   la verificación   베리피까씨온
- 보증금   el depósito   데뽀시또
- 성수기   la temporada alta   뗌뽀라다 알따
- 비수기   la temporada baja   뗌뽀라다 바하

¡스페인이 궁금해요!

스페인의 낮잠 문화 시에스타

시에스타는 점심 먹은 후 잠깐 자는 낮잠을 일컫는 말로써 스페인의 전통적인 낮잠 풍습이다. 여름 한낮의 무더위로 업무 능률이 좋지 않으므로 낮잠으로 에너지를 회복하자는 취지로 만들어졌다. 시에스타 시간은 2시에서 5시이며 이 시간 동안 스페인의 대부분의 상점들은 문을 닫고 집에서 점심을 먹고 쉬는 시간을 갖는다. 레스토랑이나 바도 4시부터 8시까지 문을 닫는 경우가 많다. 그 시간에 사람들은 낮잠을 자는 게 아니라 카페 혹은 바에서 먹고 마시고 떠들고 있는 것이 일상이 되어 버렸다. 시에스타는 무더운 남부 지방의 소도시 등에서는 아직 지켜지고 있으나 대부분의 스페인의 대도시들에서는 비능률적이고 생산성이 저하한다는 이유로 많이 사라지고 있다.

내가 세비야에 거주하면서 같이 공부하던 파트너와 발표 과제가 있어서 일요일 오후 2시에 약속을 잡은 적이 있었다. 같이 살던 집 주인 아주머니는 그녀를 loca(로까 미친 여자)라고 표현해서 새삼 놀란 적이 있다. 세비야 등의 안달루시아 지방에서는 아직까지도 시에스타 풍습이 남아 있고 무더위 탓에 시에스타 시간에는 약속을 잡지 않는 경향이 있다는 것이다.

13. En el hotel

호텔에서 체크아웃

대화

Cliente: Quiero dejar la habitación.
끼에로 데하르 라 아비따씨온
방을 비우고 싶습니다.

Empleado: ¿Cuál es su número de la habitación?
꾸알 에스 수 누메로 데 라 아비따씨온
방 번호가 무엇입니까?

Cliente: El 415(cuatrocientos quince)
엘 꾸아뜨로씨엔또스 낀쎄
415호입니다.

Empleado: Pues serán 65(sesenta y cinco) euros.
뿌에스 세란 세센따 이 씽꼬 에우로스
65유로입니다.

Cliente: ¿Puedo pagar con la tarjeta de crédito?
뿌에도 빠가르 꼰 라 따르헤따 데 끄레디또
신용카드로 지불해도 되나요?

Empleado: Sí, desde luego. Firme aquí.
씨 데스데 루에고 피르메 아끼
네, 물론이죠. 여기 서명하세요.

Cliente: El servicio de este hotel ha sido excelente.
엘 세르비씨오 데 에스떼 오뗄 아 시도 엑쎌렌떼
이 호텔 서비스가 훌륭했어요.

Empleado: Gracias. Me alegro de que le haya gustado.
그라씨아스 메 알레그로 데 께 레 아야 구스따도
감사합니다. 고객님께서 맘에 드셨다니 기쁩니다.

Cliente: ¿Puede llamar a un taxi, por favor? Voy al aeropuerto.
뿌에데 야마르 아 운 딱시 뽀르 파보르 보이 알 아에로뿌에르또
택시 좀 불러 주시겠어요? 공항으로 갑니다.

Empleado: Sí, claro. Ahora llamo.
씨 끌라로 아오라 야모
네, 물론입니다. 지금 부르겠습니다.

어휘

dejar 데하르 내버려 두다, 방을 비우다   el número 누메로 번호

la tarjeta de crédito 따르헤따 데 끄레디또 신용카드   pagar 빠가르 지불하다

firmar 피르마르 서명하다   aquí 아끼 여기   el servicio 세르비씨오 서비스

el hotel 오뗄 호텔   excelente 엑쎌렌떼 훌륭한

alegrarse 알레그라르세 기뻐하다   gustar 구스따르 좋아하다

llamar 야마르 부르다   el taxi 딱시 택시   el aeropuerto 아에로뿌에르또 공항

claro 끌라로 물론   ahora 아오라 지금

생생 여행 TIP

파라도르(parador 빠라도르)는 1928년 스페인 국왕 알폰소 13세가 아빌라 지역에 처음 세웠다고 한다. 그 후 스페인 정부가 관광산업 육성을 위해 옛 성이나 궁전, 수도원 혹은 귀족의 저택 등의 역사적으로 중요한 건축물들을 개조하여 호텔로 만든 최상급 시설의 국영호텔이다. 스페인 전역에 100여 개의 파라도르가 있으며 그 중 톨레도, 론다, 말라가, 그라나다 파라도르가 유명하다. 파라도르는 주로 자연 환경이 빼어난 절벽 등에 자리잡고 있어 대중교통 이용이 어렵다는 단점이 있다.

톨레도의 파라도르

파라도르 로비

파라도르 프런트 직원

파라도르 룸 안내 표시

- Quiero dejar la habitación. 방을 비우고 싶습니다.
  Quiero hacer el "check out". 체크아웃하고 싶습니다.

- Desde luego. 물론입니다.
  Claro. 물론입니다.
  Por supuesto. 물론입니다.

- Firme aquí. 여기 서명하세요.
  ¿Podría firmar aquí? 여기 서명 좀 해주시겠어요?

- El servicio de este hotel ha sido excelente. 이 호텔의 서비스가 훌륭했어요.
  Me ha gustado mucho el servicio de este hotel. 이 호텔 서비스가 아주 맘에 들었어요.

- Me alegro de que le haya gustado. 마음에 드셨다니 저도 기뻐요.
  Me alegro de que hayas venido a Corea. 네가 한국에 와서 난 너무 기뻐.

- ¿Puede llamar a un taxi, por favor? 택시 한 대 불러주실 수 있으세요?
  <¿Puede + 동사원형?>은 "~해 주실 수 있으세요?"라는 의미의 표현.
  ¿Puede llevarme las maletas a la habitación? 제 가방들을 방으로 옮겨 주실 수 있으세요?

어휘_호텔

- 아침식사   el desayuno   데사이우노
- 점심식사   la comida   꼬미다
- 저녁식사   la cena   쎄나
- 하루에 두끼 제공   media pensión(MP)   메디아 뻰시온
- 하루에 세끼 제공   pensión completa(PC)   뻰시온 꼼쁠레따
- 팁   la propina   쁘로삐나
- 비누   el jabón   하본
- 칫솔   el cepillo de dientes   쎄삐요 데 디엔떼스
- 치약   la pasta de dientes   빠스따 데 디엔떼스
- 샤워실   la ducha   두차
- 룸청소부   la camarera   까마레라
- 면도세트   el set de afeitar   셋 데 아페이따르
- 무선 인터넷   Internet inalámbrico   인떼르넷 인알람브리꼬
- 미니바   minibar   미니바르
- 난방   la calefacción   깔레팍씨온
- 계산대   la caja   까하
- 비용   el coste   꼬스떼
- 추가비용   el suplemento   수쁠레멘또
- (표지판) 방해하지 마세요   No me moleste, por favor.   노 메 몰레스떼, 뽀르 파보르
- (표지판) 청소해 주세요   Limpie, por favor.   림삐에, 뽀르 파보르

¡스페인이 궁금해요!

스페인의 시간 개념

스페인 사람들은 시간 약속을 잘 안 지키는 사람들로 정평이 나 있다. 어떤 파티에 초대받은 경우 예정된 시간보다 미리 가거나 정각에 가는 것 보다는 30분에서 한 시간 정도 늦게 가는 것이 더 좋다. 저녁 식사 초대일 경우에는 15분 정도 늦게 가는 센스를 가져 보도록 하자. 친구와 약속을 잡을 때에도 특별한 경우가 아니라면 미리 약속을 잡는 것을 싫어하고 즉흥적인 계획과 만남을 더 좋아한다. 스페인 친구가 있다면 당일에 전화해서 즉석 만남을 제안하더라도 예의에 어긋나지 않는다. 업무상의 공식적인 약속은 반드시 지켜야 한다.

스페인에서 밤에 살리르(salir 밤에 나가 놀기)할 때에도 밤 9시에 만나기로 했다면, 한 그룹이 다 모이기까지 1시간이 지난 10시가 넘어서야 다 같이 이동하는 경우가 허다하다. 아무도 도착하지 않은 사람에게 연락을 해서 재촉하지 않고 맥주 한 잔씩 하면서 기다려 주는 여유를 가진다. 한 번은 스페인 친구와 발표(문화적 충격에 관한)가 있어서 약속을 했는데 30분을 기다리다가 약간 짜증을 낸 적이 있었는데 그 친구는 도리어 나에게 화를 내는 것이다. 다음 대화가 그 당시 그녀와 나눈 대화이다.

- Yo: He estado esperándote más de media hora. ¡Vaya choque cultural!
  30분 이상 너를 기다리고 있었어. 완전 문화적 쇼크야!

- Amiga: Tú viviste mucho tiempo en México.
  너 멕시코에서 오래 살았잖아.
  ¿Aún no entiendes el concepto del tiempo de nuestra cultura?
  넌 아직 우리 문화의 시간 개념도 모르는 거니?

호텔 룸서비스

에스 엘 세르비씨오 데 아비따씨오네스
Recepcionista: Es el servicio de habitaciones.
룸서비스입니다.

끼에로 뻬디르 엘 데사이우노 빠라 마냐나
Cliente: Quiero pedir el desayuno para mañana.
내일 아침식사를 주문하고 싶습니다.

께 끼에레 또마르
Recepcionista: ¿Qué quiere tomar?
뭐 드시기를 원하시나요?

끼에로 운 보까디요 데 께소 이 운 까페 꼰 레체
Cliente: Quiero un bocadillo de queso y un café con leche.
치즈 샌드위치와 카페라테를 원합니다.

씨 세뇨르 알고 마스
Recepcionista: Sí, señor. ¿Algo más?
네, 선생님. 또 다른 것은요?

뿌에데 데스뻬르따르메 아 라스 시에떼 데 라 마냐나
Cliente: ¿Puede despertarme a las siete de la mañana?
오전 7시에 깨워주실 수 있으세요?

끌라로 꾸알 에스 수 누메로 데 아비따씨온
Recepcionista: Claro. ¿Cuál es su número de habitación?
물론입니다. 방 번호가 뭐죠?

Cliente: El número de habitación es 505(quinientos cinco).
505호입니다.

Recepcionista: ¿Necesita algo más?
다른 거 필요한 것 있으세요?

Cliente: Necesito otra manta, por favor. Tengo frío.
담요 하나 더 필요합니다. 춥습니다.

Recepcionista: De acuerdo.
알겠습니다.

어휘

el servicio 세르비씨오 서비스   la habitación 아비따씨온 방
pedir 뻬디르 주문하다   el desayuno 데사이우노 아침식사
mañana 마냐나 내일   el bocadillo 보까디요 샌드위치   el queso 께소 치즈
el café 까페 커피   con 꼰 ~가 든, ~을 넣은   la leche 레체 우유
el señor 세뇨르 ~씨, 선생님   algo 알고 무엇인가   más 마스 더
despertar 데스뻬르따르 깨우다   me 메 나를   el número 누메로 숫자
necesitar 네쎄시따르 필요하다   otro(a) 오뜨로 다른   la manta 만따 담요
el frío 프리오 추위   el acuerdo 아꾸에르도 동의

호텔 115

생생 여행 TIP

스페인의 호텔은 대부분 아침 식사(desayuno 데사이우노)를 제공하는데 아메리칸 스타일(desayuno americano), 컨티넨탈 스타일(desayuno continental) 그리고 뷔페 스타일의 아침식사(buffet)가 있다. 빵과 커피, 주스, 크루아상 등의 가벼운 아침 식사는 컨티넨탈 스타일이며 가장 저렴하다. 벨보이에게 주는 팁은 가방 한 개당 약 1유로 정도만 주면 된다. 객실을 나올 때에는 룸 청소원에게 줄 팁을 준비해 두도록 한다.

호텔 식당

아침 식사

호텔 룸

호텔 룸 열쇠

- Quiero pedir el desayuno para mañana. 내일 아침식사를 주문하고 싶어요.

    Quiero pedir un servicio, por favor. 서비스 요청하고 싶어요.

    Servicio al cuarto, por favor. 룸서비스 부탁합니다.

- ¿Puede despertarme a las siete de la mañana? 아침 7시에 깨워줄 수 있어요?

    ¿Puede hacerme una llamada a las siete de la mañana? 아침 7시에 전화 한 통 해주실 수 있으세요?

    ¿Puede cambiarme las sábanas, por favor? 침대 시트 좀 바꿔주실 수 있나요?

    ¿Puede traerme otra manta, por favor? 담요 한 개 더 갖다주실 수 있나요?

    ¿Puede lavarme en seco esta camisa? 이 남방 드라이클리닝 해주실 수 있나요?

- Necesito una toalla más. 수건이 한 개 더 필요합니다.

    Necesito papel higiénico. 휴지가 필요합니다.

    Necesito una almohada más. 베게 한 개 더 필요합니다.

- Tengo frío. 추워요.

    Tengo calor. 더워요.

    Tengo hambre. 배고파요.

    Tengo sed. 목 말라요.

    Tengo sueño. 졸려요.

어휘_호텔 룸

- 싱글침대   la cama individual   까마 인디비두알
- 더블침대   la cama doble   까마 도블레
- 예비침대   la cama suplementaria   까마 수쁠레멘따리아
- 유아용침대   la cama para niño   까마 빠라 니뇨
- 침대시트   las sábanas   사바나스
- 텔레비전   la televisión   뗄레비시온
- 에어컨   el aire acondicionado   아이레 아꼰디씨오나도
- 발코니   el balcón   발꼰
- 샤워기   la ducha   두차
- 욕실   el baño   바뇨
- 욕조   la bañera   바녜라
- 목욕수건   la toalla de baño   또아야 데 바뇨
- 휴지   el papel higiénico   빠뻴 이히에니꼬
- 수도꼭지   el grifo   그리포
- 전등   la lámpara   람빠라
- 커튼   la cortina   꼬르띠나
- 베게   la almohada   알모아다
- 옷장   el armario   아르마리오
- 세면대   el lavabo   라바보
- 전기 콘센트   el enchufe   엔추페
- 헤어 드라이기   el secador de pelo   세까도르 데 뻴로
- 거울   el espejo   에스뻬호

 ¡ 스페인이 궁금해요!

스페인의 스포츠

스페인의 축구는 문화, 사회, 경제, 정치적인 요소와 관련하여 밀접한 관계를 맺고 있다. 스페인은 Real Madrid, FC Barcelona, FC Valencia와 같은 세계적인 축구팀을 보유하고 있다. 레알 마드리드와 바르셀로나가 경기를 하는 것은 단순한 축구경기가 아니라 두 지역사회의 경쟁이라고 볼 수 있다. 스페인의 많은 어린아이들의 장래 꿈이 축구선수가 되는 것이라고 하니 축구선수의 인기는 우리나라의 연예인만큼이나 실로 대단하다.

스페인은 유럽에서 운동을 가장 게을리하는 국가로 알려져 있긴 하지만, 최근 건강과 여가가 화두로 떠오르면서 여가시간에 스포츠를 즐기는 인구가 늘고 있다. 축구는 물론이고 태권도, 사이클, 승마, 등산을 즐기는 스포츠인들의 증가가 눈에 띄게 나타난다. 스페인 사람들은 경쟁을 목표로 하는 스포츠 보다는 경쟁이 필요 없이 즐길 수 있는 스포츠를 선호한다. 축구, 수영, 테니스, 사이클, 조깅, 하이킹 등이 스페인 사람들이 선호하는 스포츠이다. 스페인 여행시 축구복 숍을 들러 좋아하는 축구팀의 셔츠 등을 구입해 보는 것도 즐거운 여행이 될 것 같다.

바르셀로나 캄노 경기장
Camp Nou (F.C. Barcelona)

15. Los problemas en el hotel

호텔에 문제 발생

대화

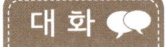

　　　　　　　아블로　꼰　　레셉씨온
Cliente: ¿Hablo con recepción?
프런트입니까?

　　　　　　　　씨　디가메　　엔　께　뿌에도　아유다르레
Recepcionista: Sí, dígame. ¿En qué puedo ayudarle?
네, 말씀하세요. 무엇을 도와 드릴까요?

　　　　　　　노　살레　엘　아구아　깔리엔떼
Cliente: No sale el agua caliente.
뜨거운 물이 안 나와요.

　　　　　　　　에스따　우스뗄　세구라
Recepcionista: ¿Está usted segura?
확실합니까?

　　　　　　　뽀르　수뿌에스또　이 노　푼씨오나　라　깔레팍씨온
　　　　　　　뽀드리아　깜비아르메　라　아비따씨온
Cliente: Por supuesto. Y no funciona la calefacción. ¿Podría cambiarme la habitación?
물론이죠. 그리고 히터도 작동하지 않아요. 방 좀 바꿔주실 수 있나요?

Recepcionista: Sí, hay una habitación que da a la parte de atrás en la quinta planta.
네, 5층에 뒤쪽으로 향하는 방이 하나 있어요.

Pero las vistas no son muy bonitas.
그런데 전망이 많이 좋지 않아요.

Cliente: No me importa. Cámbieme ahora mismo.
상관 없어요. 지금 당장 바꿔 주세요.

Recepcionista: De acuerdo. Enseguida le cambiamos. Lo siento mucho por las molestias.
알겠습니다. 곧바로 바꿔 드리도록 할게요. 불편을 끼쳐드려서 죄송합니다.

어휘

recepción 레쎕씨온 프런트   ayudar 아유다르 돕다   el agua 아구아 물
caliente 깔리엔떼 뜨거운   seguro(a) 세구로 확실한
funcionar 푼씨오나르 작동하다   la calefacción 깔레팍씨온 난방
cambiar 깜비아르 바꾸다, 교환하다   me 메 나에게   parte 빠르떼 부분, 쪽
dar 다르 ~로 통하다, 향해 있다   atrás 아뜨라스 뒤로   quinto(a) 낀또 다섯 번째의
la planta 쁠란따 층   la vista 비스따 전망   bonito(a) 보니또 아름다운
importar 임뽀르따르 상관있다   ahora mismo 아오라 미스모 지금 바로
enseguida 엔세기다 곧, 당장   sentir 센띠르 유감이다, 죄송하다
por 뽀르 ~때문에   las molestias 몰레스띠아스 불편함

냉냉 여행 TIP

스페인의 오래된 호텔의 경우 시설에 문제점이 발생할 수도 있으니 온수가 잘 나오는지 등의 시설을 확인해 보는 것이 좋다. 수도꼭지에 온수는 Caliente 깔리엔떼, 냉수는 Frío 프리오로 표기되어 있다. C를 냉수(cold)로 알고 착각하는 사람들도 종종 있다. 스페인은 많은 사람들이 수돗물(agua del grifo 아구아 델 그리포)을 음료용(agua potable 아구아 뽀따블레)으로 마신다. 그래도 혹시 설사병 등이 걸릴 수도 있으니 병에 든 물(agua embotellada 아구아 엠보떼야다)을 마시는 게 더 안전하다. 스페인의 욕실은 바닥에 배수구가 없는 관계로 샤워할 때는 물이 밖으로 튀지 않도록 샤워커튼을 욕조 안으로 넣어서 해야 한다.

카미노 알베르게 숙소

카미노 알베르게 식당

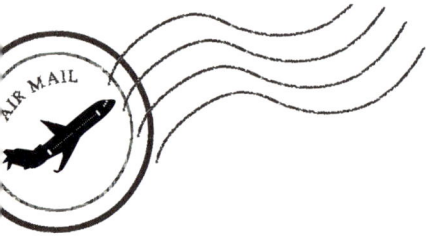

- No sale el agua caliente. 뜨거운 물이 나오지 않아요.
  No funciona la calefacción. 히터가 작동하지 않아요.
  No funciona el grifo. 수도꼭지가 작동하지 않아요.
  El retrete está atascado. 변기가 막혔어요.
  Se fue la luz. 전기가 나갔어요.
  El televisor está estropeado. 텔레비전이 고장났어요.

- ¿Está usted segura? 정말이세요?
  ¿De verdad? 진짜예요?
  ¿De veras? 정말이세요?
  ¿En serio? 정말이세요?

- La habitación da a la parte de atrás. 방은 뒤쪽으로 향해 있어요.
  〈Da a + 장소 및 방향〉은 "~로 향해 있다"라는 의미.
  La habitación da al patio. 방이 마당으로 향해 있어요.
  La habitación da a la playa. 방이 해변으로 향해 있어요.

- Lo siento mucho por las molestias. 불편을 끼쳐 드려서 정말 죄송합니다.
  〈Lo siento mucho por ~〉는 "~으로 인해 정말 죄송합니다"라는 의미의 표현.
  Lo siento mucho por el retraso. 지연으로 정말 죄송합니다.
  Siento mucho las molestias. 불편을 끼쳐 드려서 정말 죄송합니다.

어휘 _호텔에서의 문제점들

- 고장난   averiado(a)   아베리아도(다)
- 어두운   oscuro(a)   오스꾸로(라)
- 밝은   claro(a)   끌라로(라)
- 추운   frío(a)   프리오(아)
- 더운   cálido(a)   깔리도(다)
- 시끄러운   ruidoso(a)   루이도소(사)
- 넓은   amplio(a)   암쁠리오(아)
- 좁은   estrecho(a)   에스뜨레초(차)
- 더러운   sucio(a)   수씨오(아)
- 깨끗한   limpio(a)   림삐오(아)
- 뜨거운 물   el agua caliente   아구아 깔리엔떼
- 차가운 물   el agua fría   아구아 프리아
- 소음   el ruido   루이도
- 비상계단   la escalera de emergencia
                  에스깔레라 데 에메르헨씨아
- 화재경보기   la alarma de incendio   알라르마 데 인쎈디오
- 취소   la cancelación   깐쎌라씨온
- 변상   la indemnización   인뎀니싸씨온
- 불편한   incómodo(a)   인꼬모도(다)
- 불만족스러운   insatisfecho(a)   인사띠스페초(차)

¡ 스페인이 궁금해요!

스페인의 3대 축제

스페인은 축제의 나라라고 할 수 있을 정도로 1년 내내 축제로 풍성하다. 스페인 사람들은 각 지역을 대표하는 자신들만의 축제를 준비하며 1년을 눈꼽아 기다린다. 스페인의 축제를 다 합하면 약 200여 개가 된다고 한다. 이러한 축제를 즐겨보는 여행도 좋은 테마 여행이 될 수 있다.

1. 발렌시아 불꽃축제 라스 파야스 Las Fallas

"Las Fallas 라스 파야스"는 발렌시아의 불꽃 축제로 봄을 맞아 지난 것들을 태우고 새롭게 시작한다는 의미에서 시작되어 정치적 조롱이나 사회적 이슈를 담은 거대한 인형을 만들어 1등 작품을 제외하고는 성요셉 축일인 3월 19일에 모두 태우게 된다.

2. 팜플로나 소몰이 축제 산 페르민 San Fermín

스페인 바스크 지방의 팜플로나(Pamplona)지역에서 7월에 열리는 소몰이(encierro 엔씨에로) 축제에서는 수백명의 젊은이들이 흰 셔츠와 붉은 천을 두르고 소들을 앞질러 달린다. 이 소몰이가 산 페르민 축제를 대표하고 있다.

3. 부뇰의 토마토 축제 라 토마티나 La Tomatina

8월의 마지막 수요일에 발렌시아의 부뇰(Buñol)에서 열리며 스페인 각지의 사람들과 전 세계 관광객들이 모여 토마토를 서로 던지는 축제이다. 2시간 동안 진행되는 이 축제에 쓰이는 토마토의 양이 무려 2톤이나 된다.

Capítulo 04

음식

16. 카페
17. 레스토랑 예약
18. 레스토랑
19. 햄버거 가게
20. 전화로 피자 주문

레스토랑 보틴 botín
마드리드에 있는 스페인 전통 레스토랑. 1725년에 개업하여 300년 가까이 운영되고 있다. 헤밍웨이가 즐겨 찾던 곳으로 유명하기도 하다. 생후 2주 정도 된 새끼돼지를 구운 코치니요 아사도(Cochinillo Asado)와 새끼 양구이가 특히 인기 있는 메뉴.

Restaurante Botín, Madrid

16. En el bar

카페 ▼

*스페인의 바(bar)는 커피, 술, 식사를 함께 할 수 있는 스페인 사람들의 여가생활공간이다.

대화

Camarero: ¿Qué le pongo?
께 레 뽕고
뭐 드릴까요?

Cliente: Me pone un café con leche, por favor.
메 뽀네 운 까페 꼰 레체 뽀르 파보르
카페라테 한 잔 주세요.

Camarero: ¿Frío o caliente?
프리오 오 깔리엔떼
아이스 커피로 드릴까요 아니면 따뜻한 걸로 드릴까요?

Cliente: Lo quiero caliente, muy caliente.
로 끼에로 깔리엔떼 무이 깔리엔떼
아주 따뜻하게 해 주세요.

Camerero: ¿Con o sin azúcar?
꼰 오 신 아쑤까르
설탕은 넣어 드릴까요 빼 드릴까요?

Cliente: Sin azúcar.
신 아쑤까르
설탕은 넣지 마세요.

Camarero: ¿Normal o descafeinado?
노르말 오 데스까페이나도
일반 보통 커피요 아니면 디카페인으로 해 드릴까요?

Cliente: Descafeinado, por favor.
데스까페이나도 뽀르 파보르
디카페인으로 해 주세요.

Camarero: ¿Y quiere algo para comer?
이 끼에레 알고 빠라 꼬메르
그리고 뭐 드실 거 원하세요?

Cliente: Sí, quiero medio bocadillo de jamón con tomate y aceite de oliva.
씨 끼에로 메디오 보까디요 데 하몬 꼰 또마떼 이 아쎄이떼 데 올리바
네, 하몽, 토마토, 올리브유 넣어서 샌드위치 반쪽 만들어 주세요.

Camarero: Ahora mismo se lo preparo.
아오라 미스모 세 로 쁘레빠로
지금 바로 준비해 드릴게요.

Cliente: Gracias.
그라씨아스
고마워요.

어휘

poner 뽀네르 음식을 주다   el café 까페 커피   con 꼰 ~와 함께, ~를 탄
sin 신 ~없이, ~ 없는   la leche 레체 우유   el favor 파보르 호의
frío(a) 프리오 찬, 차가운   caliente 깔리엔떼 뜨거운   el azúcar 아쑤까르 설탕
normal 노르말 보통의   descafeinado 데스까페이나도 디카페인의
algo 알고 무엇인가   comer 꼬메르 먹다   medio 메디오 반의, 절반의
el bocadillo 보까디요 샌드위치   el jamón 하몬 하몽
el tomate 또마떼 토마토   el aceite de oliva 아쎄이떼 데 올리바 올리브유
ahora 아오라 지금   mismo 미스모 바로   preparar 쁘레빠라르 준비하다

생생 여행 TIP

스페인의 커피는 향이 좋기로 유명하고 아주 저렴한 편이라서(약 1.5유로 정도) 스페인 사람들은 스타벅스와 같은 대형 커피 전문점 보다는 바(bar)에서 마시는 커피를 선호한다. 스페인 바에는 아이스 커피(café con hielo 까페 꼰 이엘로)가 따로 없어서 컵과 얼음을 따로 주문해야 한다. 스페인식 카페라테(café con leche 까페 꼰 레체)와 우유를 아주 약간 넣은 커피(café cortado 까페 꼬르따도), 연유를 넣은 커피(café bombón 까페 봄본), 카페 에스프레소(café solo 까페 솔로) 등이 있다. 스페인 사람들은 커피에 물을 탄 아메리카노 커피(café americano)를 마시지 않는다.

운 카페 꼰 레체 뽀르 파보르
Un café con leche, por favor. 카페라테 한 잔 주세요.

까페 꼰 레체

까페 꼬르따도

까페 봄본

까페 솔로

- ¿Qué le pongo? 뭐 드릴까요? (usted: 당신)
  ¿Qué te pongo? 뭐 드릴까요? (tú: 너)
  ¿Qué desea? 무엇을 원하세요?
  ¿Qué quería? 무엇을 원하세요?

- Me pone un café con leche, por favor. 카페라테 한 잔 주세요.
  <Me pone + 음식, por favor>는 음식을 주문할 때 "~을 주세요"라는 표현.
  Me pone un vino tinto, por favor. 레드 와인 한 잔 주세요.
  Me pone una tapa de paella. 빠에야 한 접시 주세요.
  Me pone una cerveza. 맥주 한 잔 주세요.

- Lo quiero muy caliente. 아주 뜨겁게 해 주세요.
  Lo는 el café를 받는 직접목적격 대명사.
  Lo quiero muy frío. 아주 차게 해 주세요.
  Lo quiero con hielo. 얼음과 함께 주세요.
  Lo quiero con azúcar. 설탕 넣어 주세요.
  Lo quiero descafeinado. 디카페인으로 해 주세요.

- Ahora mismo se lo preparo. 지금 바로 준비해 드리겠습니다.
  Enseguida se lo traigo. 지금 당장 갖다 드리겠습니다.

어휘_바

- 빵 — el pan — 빤
- 감자 오믈렛 — la tortilla española — 또르띠야 에스빠뇰라
- 샌드위치 — el bocadillo — 보까디요
- 버터 — la mantequilla — 만떼끼야
- 잼 — la mermelada — 메르멜라다
- 올리브유 — el aceite de oliva — 아쎄이떼 데 올리바
- 추로스 — los churros — 추로스
- 음료수 — el refresco — 레프레스꼬
- 물 — el agua — 아구아
- 우유 — la leche — 레체
- 주스 — el zumo — 쑤모
- 레모네이드 — la limonada — 리모나다
- 카페라테 — el café con leche — 까페 꼰 레체
- 에스프레소 커피 — el café solo — 까페 솔로
- 아메리카노 커피 — el café americano — 까페 아메리까노
- 차 — el té — 떼
- 술 — el licor — 리꼬르
- 맥주 — la cerveza — 쎄르베사
- 와인 — el vino — 비노
- 레드와인 — el vino tinto — 비노 띤또
- 화이트와인 — el vino blanco — 비노 블랑꼬
- 로제와인 — el vino rosado — 비노 로사도
- 생맥주 — la cerveza de barril — 쎄르베사 데 바릴
- 샴페인 — el champán — 참빤

¡ 스페인이 궁금해요!

스페인의 바 문화

스페인에서 바(bar)는 스페인 사람들의 삶에 있어 아주 중요한 만남의 장소이다. 각 구역마다 한 두 개씩 있을 정도로 친근하고 흔한 장소이다. 바에서는 술뿐만 아니라 커피와 같은 음료나 아침, 점심, 저녁 식사를 할 수도 있다. 단지 먹고 마시는 장소의 공간이 아니라 사람들과 만나 여가생활과 사교생활을 즐기는 만남의 장소로서의 의미가 있다.

스페인에도 스타벅스 등의 대형 커피 전문점이 많이 생겼으나 스페인 사람들은 스페인식 바의 커피가 더 저렴하고 맛과 향도 좋으며 많은 사람들과 교류를 할 수 있어 자신들의 바나 카페테리아를 더 선호한다. 바가 가장 붐비는 시간대는 밤 9시경에서 자정 사이이다. 12시 이후에도 스페인의 다양한 요리 즉 타파스를 맛볼 수 있으며 바에서 새벽 3시경까지 술을 마실 수 있다. 스페인 여행을 계획하고 있다면 스페인 곳곳에 즐비해 있는 예쁜 바를 탐방해 보는 것도 아주 의미 있는 테마 여행이 될 수도 있을 것 같다.

맥주 바

카미노 길 위의 바

핀초스 바

미니어처 타파스 핀초스

17. Reservar mesa en un restaurante

레스토랑 예약

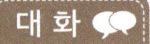

부에노스 디아스 엔 께 뿌에도 세르비르레
Camarera: Buenos días. ¿En qué puedo servirle?
안녕하세요. 무엇을 도와 드릴까요?

부에노스 디아스 끼에로 레세르바르 우나 메사 뽀르 파로르
Cliente: Buenos días. Quiero reservar una mesa, por favor.
안녕하세요. 테이블 예약하고 싶은데요.

끌라로 빠라 꾸안도
Camarera: Claro, ¿para cuándo?
물론이죠. 언제로 원하세요?

께레모스 베니르 에스따 노체 아 라스 오초
Cliente: Queremos venir esta noche a las ocho.
오늘 밤 8시에 오고 싶어요.

빠라 꾸안따스 뻬르소나스
Camarera: ¿Para cuántas personas?
몇 분이세요?

빠라 꽈뜨로 뻬르소나스
Cliente: Para cuatro personas.
네 사람입니다.

발레 아 놈브레 데 끼엔 뽀르 파보르
Camarera: Vale. ¿A nombre de quién, por favor?
알겠습니다. 누구 이름으로 예약하실 거예요?

에르난데쓰
Cliente: Hernández.
에르난데스로 해 주세요.

무이 비엔 세뇨르 에르난데쓰 노스 베모스 아 라스 오초
Camarera: Muy bien, Sr. Hernández. Nos vemos a las ocho.
네, 알았어요. 에르난데스씨. 8시에 뵐게요.

¿Tiene reserva?

어휘

servir 세르비르 도와주다, 시중을 들다 querer 께레르 원하다
reservar 레세르바르 예약하다 la mesa 메사 테이블 para 빠라 ~를 위하여
cuándo 꾼안도 언제 esta 에스따 이, 이번 la noche 노체 밤
la persona 뻬르소나 사람 el nombre 놈브레 이름 quién 끼엔 누구
el señor 세뇨르 ~씨 ver 베르 보다

여행 TIP

레스토랑에 도착하면 멋대로 자리에 앉지 말고 웨이터의 안내를 기다려야 한다. 테이블에서 웨이터를 부를 때는 "Perdona"(뻬르도나 저기요)라고 부르거나 한 손의 인지 손가락을 들어 부르는 시늉을 하면 된다. "Camarero"(까마레로 웨이터)라고 부르기 보다는 요즘은 "Jefe"(헤페 원래 의미는 직장상사라는 의미이지만, 웨이터에게 쓰는 존칭임)라고들 많이 부른다. 혹은 웨이터의 안내를 기다린 다음 희망하는 자리를 얘기하면 된다. 스페인 식당에서는 합석이 불가능하다. 한 사람이 한 테이블을 오랜 시간 동안 차지하고 있어도 합석을 요구하거나 자리를 옮겨달라고 요구하는 것은 예의에 어긋난다.

스페인 레스토랑

빠에야

야외 테라스

숯불구이 고기

- ¿En qué puedo servirle? 무엇을 도와 드릴까요?
  ¿En qué puedo ayudarle? 무엇을 도와 드릴까요?
  ¿Qué quiere usted? 무엇을 원하세요?
  ¿Le ayudo? 도와 드릴까요?

- Quiero reservar una mesa. 한 테이블을 예약하고 싶어요.
  〈Quiero + 동사원형〉은 "나는 ~하기를 원합니다"라는 의미의 회화 표현.
  Quiero reservar una mesa para dos personas. 2인용 테이블을 예약하고 싶습니다.
  Quiero reservar una mesa al lado de la ventana. 창가 쪽 테이블을 예약하고 싶습니다.

- ¿Para cuántas personas? 몇 명을 위한 건가요?
  ¿Para cuándo quiere? 언제로 원하세요?
  ¿Para qué día? 무슨 날로 원하세요?
  ¿A qué hora? 몇 시예요?
  Para esta noche. 오늘 밤으로요.
  Para mañana por la noche. 내일 밤으로요.
  Para el (día) 5 de abril. 4월 5일로요.

- Nos vemos a las ocho. 8시에 봐요.
  Nos vemos. 담에 봐요.
  Nos vemos mañana. 내일 만나요.

어휘 _레스토랑

- 차림표 — la carta — 까르따
- 아침식사 — el desayuno — 데사이우노
- 브런치 — el almuerzo — 알무에르쏘
- 점심식사 — la comida — 꼬미다
- 저녁식사 — la cena — 쎄나
- 간식 — la merienda — 메리엔다
- 에피타이저 — el aperitivo — 아뻬리띠보
- 전채요리 — el primer plato — 쁘리메르 쁠라또
- 메인요리 — el segundo plato — 세군도 쁠라또
- 후식 — el postre — 뽀스뜨레
- 오늘의 메뉴 — el menú del día — 메누 델 디아
- 레스토랑 특별요리 — la especialidad — 에스뻬씨알리닫
- 빈 테이블 — la mesa libre — 메사 리브레
- 흡연석 식탁 — la mesa para fumadores — 메사 빠라 푸마도레스
- 금연석 식탁 — la mesa para no fumadores — 메사 빠라 노 푸마도레스
- 셀프서비스 — el autoservicio — 아우또세르비씨오
- 카운터 — la caja — 까하
- 계산서 — la cuenta — 꾸엔따
- 영수증 — el recibo — 레씨보
- 팁 — la propina — 쁘로삐나
- 잔돈 — el cambio — 깜비오
- 재떨이 — el cenicero — 쎄니쎄로

¡ 스페인이 궁금해요!

스페인의 음식문화

스페인의 음식 문화는 지중해 식단으로 올리브유와 마늘을 풍부하게 사용한다. 주식은 빵이지만 쌀을 많이 소비한다. 스페인 사람들은 하루에 4~5끼를 조금씩 자주 먹는다. 아침에 빵이나 과자, 커피 등으로 가벼운 식사를 한다. 11시 경에 바에서 보까디요(bocadillo 샌드위치)와 커피로 브런치를 하고, 약 2시~5시 사이에 코스 요리로 점심 식사를 한다. 퇴근 후 6시경 쯤 출출해지면 간단하게 간식을 먹는데 이것을 tapas 따빠쓰라고 한다. 약 9시~11시 경 사이에 간단하게 샐러드 등으로 저녁 식사를 한다. 스페인의 가볍게 자주 먹는 식습관에 비해 푸짐하게 항상 어디서도 먹거리를 찾을 수 있는 우리나라와 많은 차이가 있다. 우리나라 사람들은 식사 때는 수다보다는 음식에 집중하는 반면에 스페인 사람들은 음식 그 자체를 탐하는 것 보다는 같이 식사하면서 나누는 담소나 수다떨기를 더 즐긴다. 스페인 사람들은 음식에 무관심하다는 말이 나올 정도로.

하몽 jamón

엠부티도(훈제햄)

올리브 열매

에스깔로페(돈까스)

18. En el restaurante

레스토랑

대화

　　　　　　　　　메 뜨라에 라 까르따　뽀르 파보르
Cliente: ¿Me trae la carta, por favor?
메뉴판 좀 갖다 주시겠어요?

　　　　　　　　　엔세기다　　　께 바 아 또마르
Camarero: Enseguida. ¿Qué va a tomar?
네, 곧 갖다 드릴게요. 뭐 드시겠어요?

　　　　　　　　데　쁘리메로　끼에로　소빠 데　마리스꼬
Cliente: De primero, quiero sopa de marisco.
전채요리로는 해산물 수프 주세요.

　　　　　　　　이 데　세군도
Camarero: ¿Y de segundo?
메인요리는요?

　　　　　　　떼르네라　꼰　빠따따스
Cliente: Ternera con patatas.
감자와 소고기 스테이크로 주세요.

　　　　　　　　이　빠라 베베르
Camarero: ¿Y para beber?
마실 거는요?

　　　　　　　운　바소 데　비노 이 아구아　뽀르 파보르
Cliente: Un vaso de vino y agua, por favor. (…)
와인 한 잔과 물 좀 주세요.

Camarero: Aquí está su comida. ¡Buen provecho! (...)
여기 음식 나왔습니다. 많이 드세요!

Camarero: ¿Quiere algo de postre?
후식 드시겠어요?

Cliente: Sí, ¿qué hay de postre?
네. 후식은 뭐가 있나요?

Camarero: Hay helado de fresa, arroz con leche y tarta de chocolate.
딸기 아이스크림과 우유 밥 요구르트 그리고 초콜릿 케이크 있어요.

Cliente: Quiero arroz con leche.
우유 밥 요구르트로 주세요.

어휘

me 메 나에게 traer 뜨라에르 가지고 오다 la carta 까르따 메뉴판
enseguida 엔세기다 곧, 빨리 tomar 또마르 먹다
el primero 쁘리메로 첫 번째(의) la sopa 소빠 수프
el marisco 마리스꼬 해산물 el segundo 세군도 두 번째(의)
la ternera 떼르네라 소고기 la patata 빠따따 감자 para 빠라 ~하기 위하여
beber 베베르 마시다 el vaso 바소 컵 el vino 비노 와인 el agua 아구아 물
aquí 아끼 여기 la comida 꼬미다 음식 bueno(a) 부에노 좋은
el provecho 쁘로베초 이익, 이윤 algo 알고 무엇인가 el postre 뽀스뜨레 후식
el helado 엘라도 아이스크림 la fresa 프레사 딸기 el arroz 아로쓰 쌀, 밥
con 꼰 ~을 탄, ~을 넣은 la leche 레체 우유 la tarta 따르따 케이크
el chocolate 초꼴라떼 초콜릿

생생 여행 TIP

메뉴 선택이 어려운 경우에는 오늘의 정식요리(Menú del día 메누 델 디아)를 시키면 된다. 전채요리, 메인요리, 후식까지 제공되기 때문에 푸짐한 요리를 저렴하게 먹을 수 있다. 고급 레스토랑일 경우에는 일정한 팁을 지불해야 하는 경우도 있지만(요금의 약 5~10% 정도) 일반 바나 식당에서는 잔돈이나 거스름돈 정도만 두고 나와도 별 문제가 되지 않는다. 스페인은 보통 일반 물보다 탄산수를 즐겨 마신다. 따라서 탄산수(agua con gas 아구아 꼰 가스)인지 일반 미네랄 워터(agua mineral sin gas 아구아 미네랄 신 가스)인지 구별해서 주문해야 한다. 물도 우리나라와 달리 따로 지불해야 한다. 계산할 때는 "La cuenta, por favor" (라 꾸엔따 뽀르 파보르: 계산서 좀 갖다 주세요)라고 외치거나 아니면 종이에 뭔가를 쓰는 흉내를 내면 된다. 우리 나라처럼 직접 가서 빨리 계산하는 게 아니라 계산서를 요구하고 웨이터가 영수증을 갖다 주는 과정을 거치기에 약간의 시간과 인내심이 요구된다.

마드리드 맛집 보틴(1725~)

마드리드 맛집 라 차타

오늘의 요리 메누 델 디아

메누 델 디아

- ¿Me trae la carta, por favor? 메뉴판 좀 갖다 주실래요?
  <¿Me trae + 사물, por favor?>은 "~ 좀 갖다 주시겠어요?"라는 의미의 표현.
  ¿Me trae la cuenta, por favor? 계산서 좀 갖다 주실래요?
  ¿Me trae unas servilletas, por favor? 냅킨 좀 갖다 주시겠어요?
  La carta, por favor. 메뉴판 좀 갖다 주세요.
  La cuenta, por favor. 계산서 좀 주세요.

- ¿Qué va a tomar? 뭐 드시겠어요?
  ¿Qué le pongo? 뭐 드릴까요?
  ¿Qué desea tomar? 뭐 드시길 원하세요?
  ¿Quiere algo de beber? 마실 것을 원하세요?

- De primero, quiero sopa de marisco. 전채요리로 해물 수프 주세요.
  De segundo, quiero filete de ternera. 메인요리로 소고기 스테이크를 원해요.
  De postre, quiero flan. 후식으로 푸딩을 원해요.
  Para beber, quiero agua. 마실 거는 물을 원해요.

- ¡Buen provecho! 많이 드세요.
  Buen은 bueno가 남성명사 앞에서 'o'가 탈락된 형태.
  ¡Que aproveche! 많이 드세요.

어휘_음식

• 소고기	la ternera	떼르네라
• 돼지고기	la carne de cerdo	까르네 데 쎄르도
• 양고기	el cordero	꼬르데로
• 닭고기	el pollo	뽀요
• 스테이크	el bistec	비스떽
• 등심	el solomillo	솔로미요
• 갈비	la chuleta	출레따
• 수프	la sopa	소빠
• 달걀	el huevo	우에보
• 생선	el pescado	뻬스까도
• 치즈	el queso	께소
• 후라이드 치킨	el pollo frito	뽀요 프리또
• 감자튀김	las patatas fritas	빠따따스 프리따스
• 햄(하몽)	el jamón	하몬
• 해산물	el marisco	마리스꼬
• 채소	las verduras	베르두라스
• 밥	el arroz	아로쓰
• 과일	la fruta	프루따
• 콩	la alubia, la judía	알루비아, 후디아
• 소금	la sal	쌀
• 후추	la pimienta	삐미엔따
• 설탕	el azúcar	아쑤까르
• 올리브 유	el aceite de oliva	아쎄이떼 데 올리바
• 식초	el vinagre	비나그레

¡스페인이 궁금해요!

타파스

스페인의 음식문화에서 타파스는 빠져서는 안 될 중요한 것으로서, 바에서 술과 함께 먹는 애피타이저나 스낵류를 의미한다. 음식의 이름이 아니라 음식의 사이즈다. 예전에는 주로 여러 바를 옮겨 다니면서 서로 다른 타파스를 맛보는 방식으로 즐겼으나 요즘에는 주로 한 곳에 머무르면서 여러 타파스를 시켜 먹는 경우가 많다. 이것을 스페인어로 tapeo 따뻬오라고 한다. Una tapa de tortilla de patatas는 감자 토르티야 한 조각에 해당된다. 스페인에 있다 보면 "타파스 하러 가자"(Vamos de tapas 바모스 데 따빠스)라는 말을 많이 듣게 된다. 타파스 투어를 해보는 것만으로도 멋진 스페인 여행이 될 수 있다. 스페인 사람들은 어느 특정 음식을 많이 시켜서 배불리 먹는 것보다는 여러 음식을 조금씩 시켜서 서로 맛보는 것을 좋아한다. 식사 초대에 가서는 Gracias(그라씨아스 고마워)라고 인사하기 보다는 식사내내 ¡Qué rico!(께 리꼬 맛있다)라는 칭찬을 계속해 주는 것을 더 좋아한다.

감자 토르티야
Tortilla de patatas

멜론과 하몽
Melón con jamón

오징어 튀김
Calamares a la romana

감자튀김
Patatas bravas

19. En la hamburguesería

햄버거 가게 ▼

대화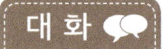

부에노스 디아스 께 레 뽕고
Camarero: Buenos días, ¿qué le pongo?
안녕하세요, 무엇을 드릴까요?

운 메누 빅 막 뽀르 파보르
Cliente: Un menú Big-Mac, por favor.
빅맥 세트 하나 주세요.

빠라 꼬메르 아끼 오 빠라 예바르
Camarero: ¿Para comer aquí o para llevar?
여기서 드실 거예요 아니면 테이크 아웃 하실거예요?

빠라 꼬메르 아끼
Cliente: Para comer aquí.
여기서 먹을 겁니다.

뿌에데 엘레히르 엔뜨레 빠따따스 프리따스 오 엔살라다
Camarero: Puede elegir entre patatas fritas o ensalada.
감자튀김과 샐러드 중 선택가능합니다.

메 뽀네 빠따따스 프리따스
Cliente: Me pone patatas fritas.
감자튀김으로 주세요.

빠라   베베르   뿌에데   엘레히르   엔뜨레   꼬까   꼴라 오
에스쁘라잍   꾸알   쁘레피에레

Camarero: Para beber, puede elegir entre Coca -Cola o Sprite. ¿Cuál prefiere?
음료로는 코카콜라와 스프라이트 중 고르실 수 있습니다. 무엇을 원하세요?

끼에로   꼬까   꼴라
Cliente: Quiero Coca - Cola.
코카콜라를 원합니다.

알고   마스
Camarero: ¿Algo más?
다른 것은요?

나다   마스   그라씨아스
Cliente: Nada más, gracias.
더 이상 없어요, 감사합니다.

레   야모   꾸안도   에스떼 리스따 라   꼬미다
Camarero: Le llamo cuando esté lista la comida.
준비되면 부르겠습니다.

어휘

poner 뽀네르 (음식을) 주다   el menú 메누 메뉴   para 빠라 ~하기 위하여
comer 꼬메르 먹다   aquí 아끼 여기   llevar 예바르 가지고 가다
poder 뽀데르 할 수 있다   entre 엔뜨레 사이에   la patata 빠따따 감자
frito(a) 프리또 튀긴   la ensalada 엔살라다 샐러드   elegir 엘레히르 선택하다
beber 베베르 마시다   la coca cola 꼬까 꼴라 코카콜라   cuál 꾸알 무엇
preferir 쁘레페리르 선호하다   le 레 당신에게   llamar 야마르 부르다
cuando 꾸안도 ~할 때   listo(a) 리스또 준비된   la comida 꼬미다 음식

냉냉 여행 TIP

스페인의 대표적인 패스트 푸드점으로는 바게트 빵 샌드위치 전문점인 Pans Company 빤스 꼼빠니가 있다. 재료도 신선하고 여러 가지를 골라 먹는 재미가 있다. 친구들이나 동료들과 함께 식당에 가는 경우 식사 초대를 제외하고는 대부분 계산서를 동일한 액수로 등분하여 더치페이 하는 것이 일반적이다. 단, 커피 정도의 적은 액수일 경우에는 한 사람이 사는 경우도 많다.

빠가모스 아 메디아스
Pagamos a medias. 더치페이 합시다.

떼 인비또 아 운 까페
Te invito a un café. 내가 커피 살게.

스페인 보까디요 체인점
Pans Company

보까디요 메뉴판

보까디요 전문점
bocadillería

오징어 튀김 샌드위치

- Un menú Big-Mac, por favor. 빅맥 세트 하나 주세요.
  Un bocadillo, por favor. 샌드위치 하나 주세요.
  Una hamburgesa, por favor. 햄버거 하나 주세요.

- ¿Para comer aquí o para llevar? 여기서 드실 거예요 아니면 가져가실 거예요?
  〈Para + 동사원형〉은 "~하기 위해"라는 의미의 표현.
  Para llevar. 가지고 갈 겁니다.

- Puede elegir entre patatas fritas o ensalada. 감자튀김과 샐러드 중에 선택할 수 있어요.
  〈Puede + 동사원형〉는 "당신은~할 수 있다" 의미의 회화 표현.
  Puede elegir entre Coca-Cola o Sprite. 코카콜라와 스프라이트 중에 선택할 수 있어요.
  Puede elegir entre café o zumo de naranja. 커피와 오렌지 주스 중에 선택할 수 있어요.

- Me pone patatas fritas. 감자튀김 주세요.
  Quiero ensalada. 샐러드를 원합니다.
  Voy a tomar unos tacos. 타코스를 먹을려고 합니다.

- ¿Cuál prefiere? 무엇을 더 선호하세요?
  Prefiero Coca-Cola. 코카콜라를 원합니다.
  Perfiero zumo. 주스를 원합니다.

📚 어휘 _주방 용품 및 요리법

• 물병	la jarra	하라
• 컵	el vaso	바소
• 술잔	la copa	꼬빠
• 커피잔	la taza	따싸
• 식탁	la mesa	메사
• 의자	la silla	시야
• 포크	el tenedor	떼네도르
• 접시	el plato	쁠라또
• 냅킨	la servilleta	세르비예따
• 숟가락	la cuchara	꾸차라
• 젓가락	los palillos	빨리요스
• 나이프	el cuchillo	꾸치요
• 프라이팬	la sartén	사르뗀
• 식탁보	el mantel	만뗄
• 물티슈	las toallitas húmedas	또아이따스 우메다스
• 잘익힌	bien cocido	비엔 꼬씨도
• 설익은	poco cocido	뽀꼬 꼬씨도
• 적당히 익힌	medio cocido	메디오 꼬씨도
• 볶은, 튀긴	frito	프리또
• 구운	asado	아사도
• 삶은	cocido	꼬씨도
• 석쇠에 구운	a la plancha	아 라 쁠란차
• 오븐구이	al horno	알 오르노
• 찐	al vapor	알 바뽀르

¡ 스페인이 궁금해요!

스페인 대표 음식

각 지역을 대표하는 특산 음식이 있는데 마드리드의 꼬시도(cocido 돼지 전골), 갈리시아의 문어요리(pulpo a la gallega), 발렌시아의 빠에야(paella valenciana), 바르셀로나의 양파 숯불구이 칼솥(calsots), 안달루시아의 가스파초(gazpacho), 바스크 지방의 미니어처 타파스인 핀초스(pinchos) 등이 유명하다.

1. 빠에야 Paella

스페인식 철판 볶음밥으로 쌀과 해산물 또는 닭고기 등을 섞어 만든 스페인 전통 요리이다. 원래 빠에야(paella)는 바닥이 넓고 깊이는 얕은 프라이팬을 일컫는 말이며, 사프란(azafrán 아싸프란)을 넣어 노란색을 낸다. 빠에야는 스페인 각 지방마다 조리법이 다른데 발렌시아 빠에야가 가장 유명하다.

2. 하몽 Jamón

돼지 뒷다리를 소금에 절여서 장시간 공기 중에서 말린 것으로 일종의 햄이다. 하몽가게에 가면 천장에 돼지 뒷다리들이 주렁주렁 매달려 있는 것을 볼 수 있다. 하몽 다리 한 개의 가격은 20유로부터 1,000유로 까지 다양하며, 흑돼지로 만든 jamón ibérico 하몬 이베리꼬가 특히 유명하다.

3. 가스파초 Gazpacho

안달루시아 대표 음식으로 차가운 야채 수프이다. 토마토, 피망, 오이, 마늘 등과 올리브유, 식초, 소금 등을 섞어 갈아서 만든 주스로 안달루시아의 무더운 여름을 식힐 수 있는 영양 풍부한 음식이다.

20. Pedir una pizza por teléfono

전화로 피자 주문 ▼

끼에로 뻬디르 우나 삐짜 뽀르 파보르
Cliente: Quiero pedir una pizza, por favor.
피자 한 판 주문하고 싶은데요.

빠라 레꼬헤르 오 엔뜨레가르 아 도미씰리오
Empleado: ¿Para recoger o entregar a domicilio?
픽업하실 거예요 아니면 배달해 드릴까요?

빠라 엔뜨레가르 뽀르 파보르
Cliente: Para entregar, por favor.
배달해 주세요.

이 꾸알 에스 수 놈브레 이 수 디렉씨온
Empleado: ¿Y cuál es su nombre y su dirección?
성함과 주소가 어떻게 돼요?

미 놈브레 에스 끄리스띠나 꼬바노 미 디렉씨온 에스
까예 꽈뜨로 까미노스 누메로 낀쎄
Cliente: Mi nombre es Cristina Cobano. Mi dirección es: calle Cuatro Caminos, número 15(quince).
제 이름은 크리스티나 코바노입니다. 주소는 꽈뜨로 까미노쓰 거리 15번지예요.

께 레 구스따리아 뻬디르
Empleado: ¿Qué le gustaría pedir?
뭐 주문하실 거예요?

끼에로 우나 삐짜   그란데   꼰   초리쏘   참
삐뇨네스 아쎄이뚜나스 이 감바스

Cliente: Quiero una pizza grande con chorizo, champiñones, aceitunas y gambas.
라지 사이즈로 초리쏘, 버섯, 올리브 열매 그리고 새우 넣어 주세요.

무이 비엔   알고 마스
Empleado: Muy bien. ¿Algo más?
네, 좋아요. 다른 것은요?

에소 에스 또도   꾸안또 에스
Cliente: Eso es todo. ¿Cuánto es?
그게 다예요. 얼마예요?

손   베인띠씽꼬   꼰   세뗀따   에우로스
Empleado: Son 25,70(veinticinco con setenta) euros.
25.70유로입니다.

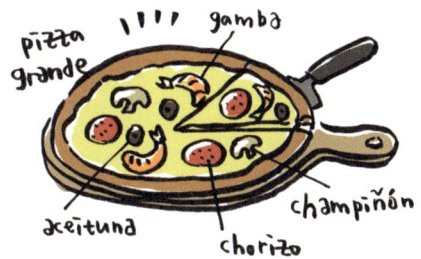

어휘

la pizza 삐짜 피자   pedir 뻬디르 주문하다   recoger 레꼬헤르 픽업하다
entregar 엔뜨레가르 배달하다   el domicilio 도미씰리오 주소
cuál 꾸알 무엇   su 수 당신의   el nombre 놈브레 이름
la dirección 디렉씨온 주소   la calle 까예 거리   grande 그란데 큰
el chorizo 초리쏘 훈제 소시지   el champiñón 참삐뇬 버섯
la aceituna 아쎄이뚜나 올리브 열매   la gamba 감바 새우
eso 에소 그것   todo 또도 모든 것   cuánto 꾸안또 얼마나 많이

음식 **153**

생생 여행 TIP

스페인 사람들은 레스토랑이나 슈퍼마켓 등에서 계산이 틀리는 경우가 많다. 계산 전에 반드시 확인하고 영수증을 챙겨야 한다. 식사 시 소리를 내고 트림을 한다거나 입에 음식이 든 채로 말을 하는 것은 예의에 어긋난다. "Perdón"(뻬르돈 죄송합니다)라고 양해를 구한 다음 코를 푸는 것은 괜찮다. 여럿이 함께 식당에 갔을 때 음식이 다 나오기 전에 먼저 먹기 시작하는 것 역시 예의에 어긋난다.

께   아쁘로베체
¡Qué aproveche! 많이 드세요!

피자 가게 pizzería

중국 음식점

스페인 맥도날드

보까디요 세트 메뉴

- ¿Para recoger o entregar a domicilio? 픽업하실 거예요 아니면 배달해 드릴까요?

  Para entregar, por favor. 배달해 주세요.

  Para recoger, por favor. 픽업할 겁니다.

- ¿Cuál es su nombre y su dirección? 당신의 이름과 주소가 뭐예요?

  Cuál은 '무엇'을 의미하는 의문사로 전화번호, 이름, 주소 등을 물을 때 사용된다.

  ¿Cuál es su número de teléfono? 당신의 전화번호가 뭐예요?

  ¿Cuál es su apellido? 당신의 성은 무엇입니까?

- ¿Qué le gustaría pedir? 무엇을 주문하시겠어요?

  ¿Qué va a querer? 무엇을 원하세요?

  ¿Qué tipo de pizza le gustaría? 어떤 종류의 피자를 원하시나요?

- ¿Cuánto es? 얼마예요?

  가격을 물을 때는 의문사 cuánto(얼마나 많이)를 사용하며 동일한 표현으로는,

  ¿Cuánto cuesta? 얼마입니까?

  ¿Cuánto vale? 얼마입니까?

  ¿Qué precio tiene? 얼마입니까?

어휘_생선, 해물, 고기

• 생선	el pescado	뻬스까도
• 연어	el salmón	살몬
• 대구	el bacalao	바깔라오
• 송어	la trucha	뜨루차
• 참치	el atún	아뚠
• 멸치	el boquerón	보께론
• 고등어	la merluza	메르루싸
• 해물	el marisco	마리스꼬
• 새우	la gamba	감바
• 가재	la langosta	랑고스따
• 게	el cangrejo	깡그레호
• 오징어	el calamar	깔라마르
• 낙지	el pulpo	뿔뽀
• 굴	la ostra	오스뜨라
• 조개	el berberecho	베르베레초
• 홍합	el mejillón	메히욘
• 도미	la dorada	도라다
• 가자미	el lenguado	렝구아도
• 바지락 조개	la almeja	알메하
• 게	la cigala	씨갈라
• 갑오징어	la sepia	세삐아
• 아귀	el rape	라뻬
• 토끼고기	el conejo	꼬네호
• 말고기	el caballo	까바요
• 어린 말	el potro	뽀뜨로
• 칠면조	el pavo	빠보

¡스페인이 궁금해요!

스페인의 포도주

세계 3위의 와인 생산국인 스페인 사람들의 삶에서 포도주는 그들의 삶을 건강하고 여유로우며 풍요롭게 하는 것 중의 하나이다. 아침에 일어나서부터 가볍게 포도주 한 잔으로 시작해서 점심, 저녁 식사에도 반드시 빠지지 않는 필수 음료이다. 리오하(Rioja), 헤레스(Jerez), 라 만차(La Mancha) 그리고 뻬네데스(Penedès) 등의 지역의 와인들이 세계적으로 유명하다. 헤레스 지방의 청포도로 만든 셰리 와인, 화이트 와인(vino blanco), 레드와인(tinto), 로제와인(rosado), 둘세(dulce 단 맛의 와인), 까바(cava 카탈루냐 지방산 스파클링 와인), 시드라(sidra 스페인 전통 사과주) 등이 있다. 안달루시아 지방에서는 레드와인과 스프라이트나 레몬 즙을 섞은 tinto de verano 띤또 데 베라노를 마셔보길 권한다. 스페인에서 가장 유명한 생맥주로는 에스뜨레야 갈리시아(Estrella Galicia), 알람브라(Alhambra), 산미겔(San Miguel), 에스뜨레야 담(Estrella Damm) 등이 있다.

헤레스의 와인 공장
Tío Pepe

슈퍼마켓의 띤또 데 베라노

맥주 바

스페인 생맥주
에스뜨레야 담

Capítulo 05

쇼핑

21. 시장
22. 옷가게
23. 환불
24. 담배가게
25. 수공예품 가게

산 미겔 시장 Mercado de San Miguel

마드리드 마요르 광장 동쪽에 위치한 재래시장. 다양한 과일과 채소, 하몽, 치즈, 주스 등의 여러 종류의 식품을 판매한다. 깔끔하게 정리된 부스들 사이에서 간단하게 맥주와 함께 음식을 즐길 수도 있다.

21. En el mercado

시장

대화

 께   께리아
Comerciante: ¿Qué quería?
상인: 뭘 원하세요?

 아   꾸안또   에스딴 라스   나란하스
Cliente: ¿A cuánto están las naranjas?
고객: 오렌지는 얼마예요?

 아   우노   꼰   베인떼   에우로스
Comerciante: A 1,20(uno con veinte) euros.
1.20유로입니다.

 뿌에스 메   뽀네   운 낄로 뽀르 파보르
Cliente: Pues me pone un kilo, por favor.
음. 그럼 1킬로 주세요.

 아끼   띠에네   알고   마스
Comerciante: Aquí tiene. ¿Algo más?
여기 있습니다. 다른 거는요?

 아   꾸안또 에스딴 로스 또마떼스
Cliente: ¿A cuánto están los tomates?
토마토는 얼마예요?

 아   우노   꼰   뜨레인따 에우로스
Comerciante: A 1,30(uno con treinta) euros.
1.30유로입니다.

뿌에스 뽕가메 도스 낄로스
Cliente: Pues póngame dos kilos.
그럼 2킬로 주세요.

아끼 띠에네 알고 마스
Comerciante: Aquí tiene. ¿Algo más?
여기 있어요. 뭐 다른 것은요?

씨 땀비엔 메 뽀네 메디오 낄로 데 만싸나스
Cliente: Sí, también me pone medio kilo de manzanas.
네, 사과 반킬로 주세요.

아끼 띠에네 알고 마스
Comerciante: Aquí tiene. ¿Algo más?
여기 있어요? 또 다른 건요?

노 나다 마스 그라씨아스 꾸안또 에스
Cliente: No, nada más, gracias. ¿Cuánto es?
그게 다예요. 고마워요. 얼마예요?

손 꽈뜨로 꼰 세센따 에우로스
Comerciante: Son 4,60(cuatro con sesenta) euros.
4.60유로입니다.

어휘

la naranja 나란하 오렌지   poner 뽀네르 주다   el kilo 낄로 킬로
el tomate 또마떼 토마토   el medio 메디오 반   la manzana 만싸나 사과
algo 알고 무엇인가   nada 나다 아무것   más 마스 더, 더 많이

생생 여행 TIP

세계 3대 벼룩시장 중의 하나로 마드리드의 엘 라스트로 El Rastro가 있다. 마요르 광장 남쪽의 Ribera de Curtidores 거리를 중심으로 형성되며 일요일 오전에 장이 열린다. 스페인 특산품, 수공예품, 골동품, 일용잡화, 의류 등의 다양한 물건들로 구경거리가 가득하다.

스페인의 3대 전통시장은 바르셀로나의 보케리아 시장, 발렌시아의 중앙시장 그리고 마드리드의 산미겔 시장이다. 신선하고 깨끗한 식재료들을 살 수 있으며 맛있는 타파스와 다양한 과일주스 등도 맛볼 수 있는 먹거리의 천국으로 유명하다.

엘 라스트로 벼룩시장

마드리드 산미겔 시장

바르셀로나 보케리아 시장

보케리아 시장의 생과일 주스

- ¿A cuánto están las naranjas? 오렌지는 얼마예요?
  시장 같은 데서 가격의 변동이 있는 물건의 가격을 물을 때 쓰는 표현이다.
  ¿A cuánto está la merluza? 고등어는 얼마예요?

- Me pone un kilo de naranjas. 오렌지 1킬로 주세요.
  〈Me pone + 식품〉구문은 "~를 주세요"라는 의미의 회화 표현.
  Me pone un kilo de cebollas. 양파 1킬로 주세요.
  Quiero medio kilo de manzanas. 사과 반킬로 원합니다.
  Quiero un cuarto de kilo de naranjas. 오렌지 1/4킬로 원합니다.

- ¿Algo más? 뭐 다른 거 필요한 것 있나요?
  ¿Alguna cosa más? 뭐 다른 거 필요한 것은요?
  Nada más, gracias. 다른 것은 없어요. 고마워요.

- Son 12,50 euros. 12.50유로입니다.
  가격을 말할 때는, 금액이 단수이면 ser 동사의 단수형인 es를 쓰고, 복수면 son 를 쓴다. 유로의 하위 단위인 센트(céntimo)를 잃을 때는 전치사 con을 넣으며, 일상생활에서는 euro 또는 céntimo를 주로 생략해서 말한다.
  Es un euro. 1유로입니다.
  Son tres euros. 3유로입니다.
  Son cinco euros con veinte (céntimos). 5유로 20센트입니다.
  Son cinco con veinte. 5유로 20센트입니다.

쇼핑

📚 어휘 _과일 및 채소

- 사과   la manzana   만싸나
- 오렌지   la naranja   나란하
- 바나나   el plátano   쁠라따노
- 토마토   el tomate   또마떼
- 멜론   el melón   멜론
- 딸기   la fresa   프레사
- 수박   la sandía   산디아
- 배   la pera   뻬라
- 복숭아   el melocotón   멜로꼬똔
- 포도   la uva   우바
- 배추   la lechuga   레추가
- 감자   la patata   빠따따
- 당근   la zanahoria   싸나오리아
- 오이   el pepino   뻬삐노
- 피망   el pimiento   삐미엔또
- 양파   la cebolla   쎄보야
- 가지   la berenjena   베렌헤나
- 시금치   la espinaca   에스삐나까
- 마늘   el ajo   아호
- 버섯   el champiñón   참삐뇬
- 양배추   la col   꼴
- 파   la cebollita   쎄보이따
- 고추   el chile   칠레
- 무   el nabo   나보

 **¡ 스페인이 궁금해요!**

스페인의 슈퍼마켓과 가게들 Tiendas

스페인에의 대부분의 가게에는 특별한 이름이 붙지 않는다. 가게 이름은 대부분 "-ería"로 끝난다. pastelería(케이크가게), pescadería(생선가게), carnicería(정육점), charcutería(햄,소세지 가게), frutería(과일가게), panadería(빵가게), librería(서점), papelería(문구점), sombrerería(모자가게), zapateía(신발점), lotería(복권가게), tintorería(세탁소), perfumería(향수가게), heladería(아이스크림 가게)... 등이 있다. 스페인의 대표적인 쇼핑센터로 El Corte Inglés 엘 꼬르떼 잉글레스가 있는데, 우리나라의 백화점이라고 할 수 있다. 그 외의 대형마트로는 Alcampo 알깜뽀나 Carrefour 까레푸르 등이 있으며, 슈퍼마켓으로는 Día 디아나 Mercadona 메르까도나 등이 있다.

스페인 백화점
엘 꼬르데 잉글레스

슈퍼마켓 디아

서점 librería

햄, 소시지, 치즈 가게
charcutería

22. En la tienda de ropa

> 옷가게

대화

Dependienta: ¿Qué desea?
께 데세아
무엇을 원하세요?

Cliente: Quiero una camisa.
끼에로 우나 까미사
셔츠를 하나 원하는데요.

Dependiente: ¿De qué color la quiere?
데 께 꼴로르 라 끼에레
어떤 색깔을 원하시나요?

Cliente: La quiero blanca.
라 끼에로 블랑까
하얀색으로요.

Dependiente: Aquí tiene. ¿Qué le parece?
아끼 띠에네 께 레 빠레쎄
여기 있습니다. 어떠세요?

Cliente: Muy bien. Me gusta.
무이 비엔 메 구스따
아주 좋습니다. 맘에 들어요.

Dependiente: ¿Qué talla tiene?
께 따야 띠에네
사이즈가 어떻게 돼요?

Cliente: ¡Ay! Pues no sé, creo que la 43(cuarenta y tres). ¿Puedo probármelo?

아이고! 모르겠어요. 제 생각엔 43인 것 같아요. 입어봐도 돼요?

Dependiente: Sí, claro. (...) ¿Qué tal le queda?

그럼요. (...) 잘 맞아요?

Cliente: Muy bien, me queda muy bien. Me la llevo. ¿Cuánto cuesta?

네, 아주 좋아요. 아주 잘 맞네요. 이걸로 할게요. 얼마예요?

Dependiente: 55,15 (cincuenta y cinco con quince) euros.

55.15유로입니다.

어휘

desear 데세아르 원하다　la camisa 까미사 셔츠　el color 꼴로르 색깔
blanco 블랑꼬 하얀　parecerle 빠레쎄르레 ~에게 처럼 보이다
la talla 따야 사이즈　pues 뿌에스 음, 저…　saber 사베르 알다
probarse 쁘로바르세 입어보다　quedarle 께다르레 ~에게 어울리다
llevarse 예바르세 자기 것으로 하다　costar 꼬스따르 값이 나가다

생생 여행 TIP

고급 의류는 엘 꼬르떼 잉글레스 등의 백화점에서 쇼핑할 수 있고 거리 곳곳에서 크고 작은 디자이너 숍에서 좋은 품질의 독창적인 디자인의 의류를 구매할 수 있다. 우리나라에도 진출한 스페인 의류 브랜드 ZARA(사라)와 MANGO(망고)에서 한국보다 저렴한 가격으로 쇼핑할 수 있다. 엘 라스트로 벼룩시장에서는 아주 저렴하고 보헤미안 스타일의 옷을 만나볼 수 있다. 스페인의 바겐세일(Rebajas 레바하스)는 여름(7~8월)과 겨울(1~2월)에 크게 두 번 있으니 이 때 여행을 하면 아주 경제적인 쇼핑을 즐길 수 있다. 가격 표시가 되어 있으면 대부분 정찰제이므로 가격을 흥정할 수 없다. 단, 노점이나 토산품 가게에서는 흥정이 가능하다.

스페인 대표 의류 브랜드 ZARA

스페인 대표 의류 브랜드 MANGO

바겐세일

- ¿De qué color la quiere? 무슨 색깔을 원하세요?

    la는 la camisa를 받는 목적격 대명사.
    사는 물건이 el sombrero(모자)라면,
    ¿De qué color lo quiere? 무슨 칼라로 원하세요?

- La quiero blanca. 하얀색으로 원해요.

    La는 la camisa를 받는 목적격 대명사. 빨강색 셔츠를 원한다면,
    La quiero roja. 빨강색으로 원합니다.

- ¿Qué le parece? 맘에 드세요?

    <¿Qué le parece ~?>는 "~는 어때 보여요?"라는 의미의 회화 표현.
    Me parece muy bonita. 아주 예뻐 보여요.
    Me parece un poco pequeña. 좀 작은 것 같아요.

- ¿Qué tal le queda? 잘 맞아요, 어울려요?

    <¿Qué tal le/te queda ~?>는 "~가 잘 맞아요?"라는 의미의 회화 표현.
    Me queda/n muy bien. 아주 잘 맞아요.
    Me queda/n un poco grande(s). 다소 크네요.

- Me la llevo. 그걸로 살게요.

    <Me llevo + 물건>은 "~을 사겠습니다"라는 의미의 회화 표현.
    Me llevo esta camisa. 이 셔츠 살게요.
    Me llevo estos pantalones. 이 바지 살게요.

어휘 _의복

- 코트 — el abrigo — 아브리고
- 블라우스 — la blusa — 블루사
- 재킷 — la chaqueta — 차께따
- 수영복 — el bañador — 바냐도르
- 남방 — la camisa — 까미사
- 티셔츠 — la camiseta — 까미세따
- 잠바 — la cazadora — 까싸도라
- 넥타이 — la corbata — 꼬르바따
- 치마 — la falda — 팔다
- 바지 — los pantalones — 빤딸로네스
- 청바지 — los vaqueros — 바께로스
- 스웨터 — el jersey — 헤르세이
- 잠옷 — el pijama — 삐하마
- 운동복 — el chándal — 찬달
- 원피스 — el vestido — 베스띠도
- 조끼 — el chaleco — 찰레꼬
- 정장 — el traje — 뜨라헤
- 비키니 — el biquini — 비끼니
- 남성용 속옷 — los calzoncillos — 깔쏜씨요스
- 여성용 속옷 — las bragas — 브라가스
- 브래지어 — el sujetador — 수헤따도르

¡ 스페인이 궁금해요!

스페인에서의 복장

스페인은 날씨가 1년 내내 우리나라에 비해 비교적 온화한 편이지만 밤낮의 일교차가 커서 따뜻한 봄 가을에도 외투나 가벼운 재킷을 준비해야 한다. 여름에는 강한 햇볕에서 야외활동을 위해서는 모자, 선글라스나 선크림은 필수 아이템이다. 스페인 길들은 울퉁불퉁한 돌로 깔린 길이 많아 힐보다는 튼튼한 운동화나 편안한 샌들을 꼭 준비해 가야 한다. 해변을 가는 여성들은 비키니는 반드시 챙겨가야 한다.

스페인에서는 세련되고 멋을 한껏 부린 스타일 보다는 편안한 내추럴룩을 좋아하며 평소에는 짙은 화장을 하지 않는다. 단정한 머리에 구두와 우아한 옷차림을 한 스타일(pijo 삐호 된장녀 스타일)보다는 자유분방하고 보헤미안 스타일이나 히피스타일을 선호한다. 평소에는 미니스커트나 짧은 바지 등의 눈에 띄는 스타일은 관광객으로 주목받을 수 있다. 중요한 행사나 파티 혹은 축제, 클럽에 갈 때는 한껏 멋을 부린다. 클럽에서는 복장규제가 있는 곳들도 있다.

겨울 옷차림

클럽 복장

해변 옷차림

23. En una tienda de ropa (devolución)

환불

대화

Dependiente: ¿En qué puedo ayudarle, señora?
엔 께 뿌에도 아유다르레 세뇨라
무엇을 도와드릴까요?

Cliente: ¿Puedo devolver esta camiseta que me compré ayer?
뿌에도 데볼베르 에스따 까미세따 께 메 꼼쁘레 아예르
어제 산 이 셔츠 반품할 수 있어요?

Dependiente: ¿Qué le pasa a la camiseta?
께 레 빠사 아 라 까미세따
셔츠에 문제 있어요?

Cliente: Es que tiene una mancha en el cuello.
에스 께 띠에네 우나 만차 엔 엘 꾸에요
목 부분에 얼룩이 있어요.

Dependiente: ¿Tiene el tiquet de compra?
띠에네 엘 띠껫 데 꼼쁘라
구매한 영수증 있나요?

Cliente: Sí, claro. Aquí lo tiene.
씨 끌라로 아끼 로 띠에네
네, 물론이죠. 여기 있어요.

Dependiente: Ahora mismo le devuelvo el dinero.
지금 바로 돈을 환불해 드릴게요.

Cliente: Disculpe, ¿es posible cambiar la camiseta por otra prenda?
죄송한데요, 다른 옷으로 교환하는 게 가능한가요?

He visto esta falda y me gusta mucho.
이 치마를 보았는데 아주 맘에 들어요.

Dependiente: Sí, también puede cambiarla por otra prenda pagando la diferencia de precio si es más cara.
네, 더 비싸면 차액을 지불하고 다른 옷과 교환할 수 있습니다.

Cliente: De acuerdo. Voy a pagar en efectivo.
네, 알겠어요. 현금으로 지불할게요.

어휘

ayudar 아유다르 돕다 la señora 세뇨라 ~씨, 부인 devolver 데볼베르 반품하다
ayer 아예르 어제 la camiseta 까미세따 셔츠 la mancha 만차 얼룩
el cuello 꾸에요 목 el tiquet 띠껫 영수증 la compra 꼼쁘라 구매
el dinero 디네로 돈 disculpar 디스꿀빠르 용서하다 posible 뽀시블레 가능한
cambiar 깜비아르 교환하다 la prenda 쁘렌다 옷 la falda 팔다 치마
la diferencia 디페렌씨아 차이 el precio 쁘레씨오 가격 caro(a) 까로 비싼
el acuerdo 아꾸에르도 동의, 합의 pagar 빠가르 지불하다
efectivo 에펙띠보 현금

냉냉 여행 TIP

옷 가게에서 약 6유로의 수선비를 지불하면 바지 등의 기장을 수선할 수 있다. 계산서가 잘못 되었거나 주문한 식사가 잘못 되었을 때는 점원 또는 웨이터에게 수정하기를 상냥하게 부탁해야 한다. 우리 나라에서처럼 고객이 왕이라는 서비스 문화가 정착되어 있지 않기 때문에 강하게 인상을 쓰면서 큰 소리로 항의를 하는 것은 이상하게 보일 수도 있다는 사실을 명심해 두자!

세탁소 tintorería

바르셀로나 모자가게 sombrería

스페인 백화점 El Corte Inglés

- ¿Qué le pasa a la camiseta? 셔츠에 문제가 생겼나요?

    <¿Qué le pasa a + 물건?>은 "~에게 무슨 문제가 생겼나요?"라는 의미의 표현.

    ¿Qué le pasa a los zapatos? 신발에 문제가 생겼나요?

- ¿Puedo devolver esta camiseta? 이 셔츠 반품해도 될까요?

    ¿Puede cambiarme esta camiseta por otra? 이 셔츠 다른 걸로 교환해 줄 수 있어요?

    ¿Me puede cambiar esta camiseta por otra? 이 셔츠 다른 걸로 교환해 줄 수 있어요?

    Quiero devolver esta camiseta. 이 셔츠 반품하고 싶습니다.

- De acuerdo. 알겠습니다.

    Vale. 좋아요.

    Genial. 아주 좋아요.

    Estupendo. 아주 좋습니다.

    Perfecto. 완벽합니다, 아주 좋아요.

- Voy a pagar en efectivo. 현금으로 지불할게요.

    <Ir + a + 동사원형>은 '~을 할 예정이다'는 의미의 회화 표현.

    Voy a pagar a plazos. 할부로 계산할게요.

    Voy a pagar con tarjeta de crédito. 신용카드로 계산할게요.

    Voy a pagar al contado. 일시불로 계산할게요.

어휘_악세서리

- 시계   el reloj   렐로흐
- 야구모자   la gorra   고라
- 챙 없는 모자   el gorro   고로
- 챙 있는 모자   el sombrero   솜브레로
- 핸드백   el bolso   볼소
- 허리띠   el cinturón   씬뚜론
- 배낭   la mochila   모칠라
- 스타킹   las medias   메디아스
- 귀걸이   los pendientes   뻰 디엔떼스
- 목걸이   el collar   꼬야르
- 팔찌   la pulsera   뿔세라
- 반지   el anillo   아니요
- 지갑   la cartera   까르떼라
- 브로치   el broche   브로체
- 머리핀   la horquilla   오르끼야
- 머리집게   la pinza   삔싸
- 장갑   los guantes   구안떼스
- 선그라스   las gafas de sol   가파스 데 솔
- 금   el oro   오로
- 은   la plata   쁠라따
- 백금   el oro blanco   오로 블랑꼬
- 다이아몬드   el diamante   디아만떼
- 루비   el rubí   루비
- 진주   la perla   뻬르라

¡스페인이 궁금해요!

카니발 El Carnaval

카니발은 2월과 3월 사이에 스페인 전역에서 행해지는 가장 흥미롭고 화려한 축제 중 하나로 거리는 온통 오색찬란한 의상으로 장식한 사람들로 메워지고, 춤추고 유머를 주고 받는다. 유명 정치인을 패러디하거나 여장남자들도 등장한다. 이 축제 때 남자들이 치마를 입을 수 있는 유일한 순간이다. 스페인에서 가장 유명한 카니발은 이국적이고 독창적인 카디스(Cádiz)와 테네리페(Tenerife) 카니발이다.

카니발은 원래 이교도의 의식에서 출발하였으나 뒤늦게 가톨릭 교회에서 수용되었다고 한다. 아이러니하게도 사순절(Cuaresma 40일 간의 금식 기간) 직전의 행사라서 쾌락과 무절제의 상징인 이 축제는 더욱 더 사람들의 환영을 받는다. 카니발의 어원 역시 "adiós a la carne" (고기여 안녕)에서 기원한다. 이러한 카니발의 선정성으로 말미암아 엄격한 가톨릭 교도들의 비판거리가 되었고 프랑코 독재 체제 시대에는 이 축제가 금지되었다고 한다. 요즈음엔 이러한 종교적 색채와 의미는 사라지고 온 국민이 즐기는 음악과 가장 무도회가 있는 축제로 자리 잡았다.

24. En el estanco

담배가게

대화

메 다 운 메뜨로부스 뽀르 파보르
Cliente: ¿Me da un Metrobús, por favor?
지하철 정액권 한 장 주세요.

씨 아끼 띠에네 알고 마스
Dependienta: Sí, aquí tiene... ¿Algo más?
네, 여기 있어요. 다른 것은요?

씨 께 쁘레씨오 띠에네 에스떼 빠께떼 데 따바꼬
Cliente: Sí. ¿Qué precio tiene este paquete de tabaco?
네, 이 담배 한 갑은 얼마예요?

에스떼 꾸에스따 씽꼬 에우로스
Dependienta: Este cuesta 5(cinco) euros.
이것은 5유로입니다.

씨 께 쁘레씨오 띠에네 에세 메체로
Cliente: Sí. ¿Qué precio tiene ese mechero?
네, 이 라이터는 얼마예요?

손 도스 꼰 씽꾸엔따 에우로스
Dependiente: Son 2,50(dos con cincuenta) euros.
2.50유로입니다.

뿌에스 끼에로 우노
Cliente: Pues quiero uno.
음, 하나 주세요.

빼르펙또 데 께 꼴로르 로 끼에레
Dependienta: Perfecto. ¿De qué color lo quiere?
좋아요, 어떤 색으로 드릴까요?

뿌에스 네그로
Cliente: Pues... negro.
음... 검정색으로 주세요.

아끼 띠에네 데세아 알고 마스
Dependienta: Aquí tiene. ¿Desea algo más?
여기 있습니다. 다른 거 필요한 거 있나요?

노 나다 마스 그라씨아스
Cliente: No, nada más, gracias.
아니요, 없어요, 고마워요.

엔 또딸 손   디에씨시에떼 꼰 씽꾸엔따
에우로스
Dependienta: En total, son 17,50(diecisiete con cincuenta) euros.
총 17.50 유로입니다.

어휘

el Metrobús 메뜨로부스 지하철 정액권 el precio 쁘레씨오 가격 este 에스떼 이
el paquete 빠께떼 담배~갑 el tabaco 따바꼬 담배
costar 꼬스따르 가격이 얼마이다 ese 에세 그 el mechero 메체로 라이터
perfecto 뻬르펙또 완벽한 el color 꼴로르 색깔 el negro 네그로 검정
total 또딸 전체의, 전부의

냉냉 여행 TIP

담배는 Tabacos 따바꼬스 혹은 Estanco 에스땅꼬라고 쓰여져 있는 가게에서 살 수 있다. 밖에 있는 담배 자동 판매기에서도 구매가 가능하다. 담배 가격은 약 5유로 정도이다. Tabacos나 Estancos에서는 담배 뿐만 아니라 껌, 우표 등도 살 수 있다. Quiosco(끼오스꼬 신문잡지판대)에서는 신문, 잡지, 일간지 등을 구입할 수 있다.

따바코스

에스땅코

키오스코

복권가게 lotería

- ¿Me da un Metrobús, por favor? 버스 정액권 한 장 주시겠어요?
  <¿Me da + 물건?>은 "~주시겠어요?"라는 의미의 회화 표현.
  ¿Me da un chicle? 껌 하나 주시겠어요?
  ¿Me da un mechero? 라이터 하나 주실래요?
  ¿Puede darme un sello, por favor? 우표 한 장 주실 수 있으세요?
  ¿Puede darme un paquete de tabaco, por favor? 담배 한 갑 주실 수 있으세요?

- ¿Qué precio tiene este paquete de tabaco? 이 담배 한 갑은 얼마입니까?
  ¿Cuánto cuesta este chicle? 이 껌은 얼마입니까?
  ¿Cuánto es este mechero? 이 라이터는 얼마입니까?
  ¿Cuánto vale este periódico? 이 신문은 얼마입니까?
  ¿Cuánto cuestan estos chicles? 이 껌들은 얼마입니까?
  ¿Cuánto son estos mecheros? 이 라이터들은 얼마입니까?
  ¿Qué precio tienen estos sellos? 이 우표들은 얼마입니까?

- En total, son 17,50 euros. 총 17.50유로입니다.
  En total은 '총, 합계는'을 의미.
  ¿Cuánto es en total? 총 얼마예요?

어휘 _ 옷의 재질 및 무늬

• 재질	el material	마떼리알
• 무늬	el dibujo	디부호
• 모, 울	la lana	라나
• 면	el algodón	알고돈
• 가죽	la piel	삐엘
• 실크	la seda	세다
• 코르덴	la pana	빠나
• 청	el(la) vaquero(a)	바께로(라)
• 민무늬	liso(a)	리소(사)
• 줄무늬	- a rayas	아 라야스
• 물방울 무늬	- de lunares	데 루나레스
• 체크무늬	- de cuadros	데 꾸아드로스
• 예쁜	bonito(a)	보니또(따)
• 못생긴	feo(a)	페오(아)
• 짧은	corto(a)	꼬르또(따)
• 긴	largo(a)	라르고(가)
• 넓은	ancho(a)	앙초(차)
• 좁은	estrecho(a)	에스뜨레초(차)
• 두꺼운	grueso(a)	그루에소(사)
• 얇은, 세련된	fino(a)	피노(나)
• 헐렁한	flojo(a)	플로호(하)
• 화려한	llamativo(a)	야마띠보(바)
• 수수한	sobrio(a)	소브리오(아)
• 촌스러운	cutre	꾸뜨레
• 야한	atrevido(a)	아뜨레비도(다)

¡ 스페인이 궁금해요!

스페인의 흡연

스페인은 유럽에서 흡연 인구가 가장 높은 이유로 폐암과 같은 호흡기 관련 질환 병들의 발생 비율이 비교적 높은 국가이다. 수많은 금연 광고에도 불구하고 담배 소모는 여전하다. 담배를 피우는 연령대가 매해 줄어들고 있다. 흡연 제한 연령이 18세로 규정되어 있기는 하나 실제로는 평균 13세가 되면 담배를 피우기 시작한다. 또한 여성 흡연자들이 남성 흡연자들보다 많다는 사실이 주목할 만하다. 평균 30%가 여성흡연자로 여자 3명 중의 한 명은 흡연을 한다는 이야기다.

이러한 흡연 인구 증가의 원인 주의 하나가 바로 담배의 가격에 있다. 스페인은 유럽에서 담배 가격이 가장 싼 나라들 중의 하나이기 때문에 미성년자들이 담배를 더 쉽게 구매할 수 있게 되는 것이다. 스페인 사람들은 카페에서 혹은 파티 때 커피 한 잔, 술 한 잔과 함께 담배 한 개비의 여유를 인생의 최고의 낙으로 여긴다. 2011년 스페인은 바나, 호텔, 레스토랑 등의 공공장소의 흡연을 법적으로 금지했다. 호텔은 30%가 흡연이 가능한 방을 구비하게 되었고, 버스 정류장, 공항 등의 공공장소에서도 흡연은 금지되었다.

25. En la tienda de artesanía

수공예품 가게

대화

<small>부에노스 디아스 께 데세아</small>
Vendedor: Buenos días, ¿qué desea?
상인: 안녕하세요, 무엇을 원하세요?

<small>끼에로 꼼쁘라르 우나 오브라 데 아르떼사니아 데 에스떼 뿌에블로</small>
Cliente: Quiero comprar una obra de artesanía de este pueblo.
고객: 이 도시의 수공예품을 사고 싶은데요.

<small>께 레 빠레쎄 에스떼 꼬야르</small>
Vendedor: ¿Qué le parece este collar?
이 목걸이는 어때요?

<small>무이 보니또 꾸안또 발레</small>
Cliente: Muy bonito. ¿Cuánto vale?
아주 예쁘네요. 얼마예요?

<small>발레 씽꾸엔따 에우로스</small>
Vendedor: Vale 50(cincuenta) euros.
50유로입니다.

<small>에스 무이 까로</small>
Cliente: Es muy caro.
아주 비싸네요.

Collar Damasquinado

Vendedor: Entonces, ¿qué le parece esta pulsera? Es más barata.
엔똔쎄스 께 레 빠레쎄 에스따 뿔세라 에스 마스 바라따

그러면, 이 팔찌는 어때요? 더 싸요.

Cliente: Me gusta. Es muy bonita. ¿Qué precio tiene?
메 구스따 에스 무이 보니따 께 쁘레씨오 띠에네

맘에 들어요. 아주 예쁘네요. 얼마죠?

Vendedor: Son 25(veinticinco) euros.
손 베인띠씽꼬 에우로스

25유로예요.

Cliente: Quiero dos. ¿Me puede hacer un poco de descuento?
끼에로 도스 메 뿌에데 아쎄르 운 뽀고 데 데스꾸엔또

두 개를 원해요. 할인 조금 해 줄 수 있어요?

Vendedor: Está bien. Le hago un 5(cinco) por ciento de descuento.
에스따 비엔 레 아고 운 씽꼬 뽀르 씨엔또 데 데스꾸엔또

알았어요. 5% 할인해 드릴게요.

어휘

desear 데세아르 원하다   comprar 꼼쁘라르 사다
la obra de artesanía 오브라 데 아르떼사니아 수공예품   este 에스떼 이것, 이
el pueblo 뿌에블로 소도시, 마을   parecer 빠레쎄르 ~처럼 보이다
el collar 꼬야르 목걸이   bonito(a) 보니또 예쁜   valer 발레르 값어치가 나가다
caro(a) 까로 비싼   entonces 엔똔쎄스 그렇다면   la pulsera 뿔세라 팔찌
barato(a) 바라또 값이 싼   el precio 쁘레씨오 값   el descuento 데스꾸엔또 할인
por ciento 뽀르 씨엔또 퍼센트

냉냉 여행 TIP

스페인의 쇼핑센터나 대부분의 상점들은 정찰제이나 토산품점이나 노점에서는 가격을 흥정할 수 있다. 중남미를 여행할 때에는 부르는 게 값이기 때문에 흥정은 필수이다. 내가 멕시코에 살 때에는 거의 흥정 각본을 가지고 밀당과 쇼를 한 번해야 제대로 흥정을 할 수 있을 정도였다. 이 때 소매치기를 주의하기 위해 지불 시 지갑 또는 돈이 보이지 않게 조심해야 한다. 스페인의 토산품으로는 가죽 제품과 도자기 제품인 자드로(Lladro 야드로), 톨레도의 금은세공품(Damasquinado 다마스끼나도)을 꼽을 수 있다. 특히 스페인 명품 가죽 제품 브랜드인 로에베(Loewe)는 세계적인 최고급 가죽 제품으로 유명하다.

께   까로
¡Qué caro! 너무 비싸요!

뿌에데 아쎄르메 알군 데스꾸엔또
¿Puede hacerme algún descuento? 할인 좀 해 주실 수 있어요?

톨레도 수공예품 가게

금은세공품

세고비아 수공예품 가게

세비야 수공예품 가게

- ¿Cuánto vale? 얼마입니까?
  ¿Qué precio tiene? 얼마입니까?
  ¿Cuánto es? 얼마입니까?
  ¿Cuánto cuesta? 얼마입니까?

- Es muy caro. 아주 비싸요.
  La pulsera(팔찌)가 비싸면 Es muy cara.
  ¡Qué caro! 진짜 비싸요.
  Es carísimo. 진짜 비싸요.
  Es muy barato. 아주 싸네요.
  Es una ganga. 정말 싸네요.(아주 값이 싼 물건을 발견했을 때)

- ¿Me puede hacer un poco de descuento? 할인 좀 해줄 수 있어요?
  ¿Puede rebajármelo un poco? 조금만 깍아 줄 수 있어요?
  ¿No hay descuento? 할인은 없습니까?
  ¿Tiene algo de oferta? 할인판매 중인 것은 있나요?
  Un poco más barato, por favor. 조금만 더 싸게 해 주세요.

- Le hago un 5 por ciento de descuento. 5% 할인해 드릴게요.
  Voy a hacerle un descuento. 할인해 드리겠습니다.
  Le voy a rebajar un poco. 조금 깍아드리겠습니다.

어휘_가게 및 상점

- 화장품 가게　　la perfumería　　　페르푸메리아
- 아이스크림 가게　la heladería　　　엘라데리아
- 정육점　　　　　la carnicería　　　까르니쎄리아
- 제과점　　　　　la panadería　　　빠나데리아
- 신발가게　　　　la zapatería　　　싸빠떼리아
- 옷가게　　　　　la tienda de ropa　띠엔다 데 로빠
- 안경점　　　　　la óptica　　　　옵띠까
- 서점　　　　　　la librería　　　　리브레리아
- 문구점　　　　　la papelería　　　빠뻴레리아
- 모자가게　　　　la sombrerería　　솜브레레리아
- 꽃가게　　　　　la floristería　　　플로리스떼리아
- 생선가게　　　　la pescadería　　　뻬스까데리아
- 케이크가게　　　la pastelería　　　빠스뗄레리아
- 복권가게　　　　la lotería　　　　로떼리아
- 가구점　　　　　la tienda de muebles　띠엔다 데 무에블레스
- 술판매점　　　　la tienda de licores　띠엔다 데 리꼬레스
- 골동품점　　　　la tienda de antigüedades
　　　　　　　　띠엔다 데 안띠구에다데스
- 담배가게　　　　el estanco　　　　에스땅꼬
- 키오스코　　　　el quiosco　　　　끼오스꼬
- 전자제품점　　　la tienda de aparatos eléctronicos
　　　　　　　　띠엔다 데 아빠라또스 엘렉뜨로니꼬스

¡스페인이 궁금해요!

플라멩코 축제 비엔날레 Bienal de flamenco

스페인 남부 안달루시아 지방의 집시의 춤인 플라멩코는 현란한 발 구르기 및 팔과 몸의 움직임으로 구성된 춤, 손뼉치기, 노래와 기타 연주가 어우러져 만들어내는 종합 예술이다. 플라멩코 댄서들은 집시들의 한을 표현하면서 마치 신들린 사람처럼 춤을 추며 플라멩코의 초고조의 전율의 순간인 두엔데 duende를 경험하게 한다. 안달루시아 지방의 세비야, 코르도바, 그라나다, 말라가, 까디스 등지가 플라멩코의 본고장으로 유명한 타블라오(tablao 플라멩코 공연 전용 바)에서 플라멩코 공연을 쉽게 접할 수 있다.

세비야에서는 2년마다 9월이면 세계적인 플라멩코 페스티발인 비엔날레가 열리는데 전 세계의 플라멩코를 사랑하는 관광객들이 모여든다. 이사벨 바욘(Isabel Bayón)과 앙헬 아띠엔사(Ángel Atienza)는 내가 세비야에서 플라멩코를 배울 당시 나의 스승이다. 이사벨 바욘은 2012년에는 한국에 방한하여 비엔날레 수상작인 La Puerta Abierta(라 뿌에르따 아비에르따 열린 문)를 공연한 바 있다.

플라멩코 무용수 이사벨 바욘

플라멩코 무용수 앙헬 아띠엔사

플라멩코 거리공연

세비야 플라멩코 수업

Capítulo 06

교통

26. 택시
27. 기차
28. 버스 정류장
29. 렌터카 대리점
30. 주유소

아토차역 Estación de Atocha

스페인 마드리드에서 가장 오래되고 규모가 큰 역이다. 알베르토 데 팔라시오가 1892년에 지은 옛 건물과 라파엘 모네오가 1989년에 지은 새 역사가 잘 조화를 이루고 있다. 특히 옛 건물 내부의 광장은 현재 열대 식물원으로 꾸며져 있어 인기가 많다. 이와 함께 2004년에 일어난 아토차역 폭탄테러 희생자들을 위한 추모관도 함께 위치해 있다.

26. En el taxi

택시

대 화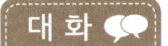

부에나스 따르데스 세뇨리따 네쎄시따 운 딱시
Taxista: Buenas tardes, señorita. ¿Necesita un taxi?
안녕하세요, 아가씨. 택시 필요하세요?

씨
Cliente: Sí.
네.

띠에네 에끼빠헤
Taxista: ¿Tiene equipaje?
짐이 있으신가요?

솔로 우나 말레따
Cliente: Solo una maleta.
가방 하나만 있어요.

무이 비엔 라 보이 아 뽀네르 엔 엘 말레떼로 아돈데 바
Taxista: Muy bien. La voy a poner en el maletero. ¿Adónde va?
아주 좋아요. 트렁크에 실을게요. 어디로 가세요?

알 아에로뿌에르또 데 바라하스
Cliente: Al aeropuerto de Barajas.
바라하스 공항요.

발레
Taxista: Vale.
알겠습니다.

Cliente: ¿Cuánto tiempo vamos a tardar en llegar?
도착하는데 얼마나 걸리나요?

Taxista: Tardamos como veinte minutos.
약 20분 걸립니다.

Cliente: ¿Está el taxímetro encendido?
미터기는 켜져 있나요?

Taxista: Sí, está encendido. (...)
네, 켜져 있습니다.

Taxista: Ya hemos llegado.
이제 도착했습니다.

Taxi de Madrid

Cliente: ¿Cuánto es?
얼마예요?

Taxista: Son 28(veintiocho) euros.
28유로입니다.

어휘

la señorita 세뇨리따 아가씨 necesitar 네쎄시따르 필요로 하다
el equipaje 에끼빠헤 짐, 수하물 la maleta 말레따 여행가방 solo 솔로 단지
poner 뽀네르 놓다 el maletero 말레떼로 트렁크 adónde 아돈데 어디에
ir 이르 가다 el aeropuerto 아에로뿌에르또 공항 el tiempo 띠엠뽀 시간
tardar 따르다르 시간이 걸리다 llegar 예가르 도착하다
el taxímetro 딱시메뜨로 미터기 encendido 엔쎈디도 켜진

냉냉 여행 TIP

택시 기본 요금은 도시에 따라 조금씩 차이가 있으며 약 2~3유로 정도 한다. 택시의 색깔도 도시에 따라 다르다. 미터기가 켜져 있는지 확인하도록 하자. libre 리브레라고 쓰여 있고 녹색 불이 켜져 있는 택시가 바로 빈 택시이고, ocupado 오꾸빠도라고 쓰여져 있으면 손님이 있다는 표시이다. 시간대에 따라 요금이 다를 수 있으며 공휴일 및 축제기간에는 추가 요금이 부과된다. 신용카드를 받지 않는 택시도 많으니 반드시 현금을 준비하는 게 좋다. 또한 기사들이 지리를 모르는 경우도 많으니 목적지를 아는지 꼭 물어보고 타는 것이 좋다. 참고로 중남미 대부분의 국가에서는 미터기를 사용하지 않으므로 출발 전에 반드시 가격을 정하고 출발해야 바가지를 쓰지 않는다.

세비야 택시

바르셀로나 택시

세비야 트램

- ¿Tiene equipaje? 짐이 있나요?
  ¿Tiene maleta? 가방이 있나요?

- ¿Adónde va? 어디로 가시나요?
  전치사 a(~로)와 의문사 dónde(어디에)가 합쳐진 표현으로 전치사는 생략 가능.
  ¿Dónde va? 어디로 가세요?
  A la estación de tren. 기차역으로 갑시다.
  A la Plaza Mayor. 마요르 광장으로 갑시다.

- ¿Cuánto tiempo vamos a tardar en llegar? 도착하는데 얼마나 걸리나요?
  〈Tardar + 시간 + en + 동사원형〉는 '~하는데 시간이 걸리다'의 회화 표현
  Tarda veinte minutos en llegar. 도착하는데 20분 걸립니다.
  Vamos a tardar media hora en llegar. 도착하는데 30분 걸립니다.

- ¿Está el taxímetro encendido? 미터기는 켜져 있나요?
  〈Estar + 형용사〉는 '~한 상태로 있다' 라는 의미.
  El taxímetro está apagado. 미터기가 꺼져 있어요.
  El taxímetro no funciona. 미터기가 작동하지 않아요.

어휘 _교통

- 택시기사　　el chófer　　　　　　초페르
- 택시 미터기　el taxímetro　　　　　딱시메뜨로
- 네비게이션　　GPS　　　　　　　　헤뻬에세
- 영수증　　　 el recibo　　　　　　레씨보
- 택시요금　　 la tarifa de taxi　　　따리파 데 딱시
- 추가요금　　 el suplemento　　　　수쁠레멘또
- 택시 정류장　la parada de taxi　　빠라다 데 딱시
- 빈 택시　　　libre　　　　　　　　 리브레
- 주소　　　　 la dirección　　　　　디렉씨온
- 여행가방　　 la maleta　　　　　　말레따
- 트렁크　　　 el maletero　　　　　말레떼로
- 전차　　　　 la tranvía　　　　　　뜨란비아
- 여객선　　　 el ferry　　　　　　　페리
- 배　　　　　 el barco　　　　　　　바르꼬
- 오토바이　　 la moto　　　　　　　모또
- 자전거　　　 la bicicleta　　　　　비씨끌레따
- 캠핑카　　　 la caravana　　　　　까라바나
- 지하철　　　 el metro　　　　　　　메뜨로
- 버스　　　　 el autobús　　　　　아우또부스
- 케이블카　　 el teleférico　　　　 뗄레페리꼬
- 지하철역　　 la estación de metro　에스따씨온 데 메뜨로

¡ 스페인이 궁금해요!

스페인 사람들의 여름 휴가

스페인 사람들은 1년에 한 달의 휴가를 가지며 대부분 여름에 사용한다. 매년 여름 휴가철이 되면 내륙지역 사람들은 지중해 해변으로 피서를 떠난다. 스페인 사람들은 외국보다는 자신의 도시에 머문다거나 친구들 또는 가족들과 함께 휴가를 보내기를 선호한다. 산과 같은 조용한 곳에서 휴가를 보내는 것 보다는 항상 사람들에게 둘러싸여 있는 것을 좋아한다. 스페인 여인들은 갈색의 구릿빛 피부에 지나치게 집착한다. 구릿빛 피부의 여인(morena 모레나)은 스페인에서 미인(guapa 구아빠)의 필수 조건이 되기 때문이다. 바다 수영을 한다거나 수상 스포츠를 즐기는 사람들 보다는 모래사장의 뜨거운 태양 아래에서 선탠하는 것을 더 좋아한다. 스페인 해변에서는 나이에 상관없이 토플리스 차림이나 좁은 끈 달린 수영복(tanga 땅가)을 입은 여자들을 흔히 볼 수 있다.

코스타 브라바
Costa Brava

까다께스
Cadaqués

바르셀로네따
Barceloneta

토플리스 차림의
스페인 여성

27. En el tren

기차

대화

Viajero: ¿A qué hora sale el próximo tren para Sevilla?
　　　　　아 께 오라 살레 엘 쁘록시모 뜨렌 빠라 세비야
여행객: 세비야행 다음 열차가 몇 시에 출발하나요?

Taquillera: Sale a las 11:30(once y media) de la mañana.
　　　　　　살레 아 라스 온쎄 이 메디아 데 라 마냐나
매표원: 오전 11시 30분에 출발합니다.

Viajero: ¿A qué hora llega?
　　　　　아 께 오라 예가
몇 시에 도착하나요?

Taquillera: Llega a las 2:30(dos y media).
　　　　　　예가 아 라스 도스 이 메디아
2시 반에 도착합니다.

Viajero: Un billete de ida y vuelta, por favor.
　　　　　운 비예떼 데 이다 이 부엘따 뽀르 파보르
왕복 티켓 한 장 주세요.

Taquillera: Sí. ¿Ventanilla o pasillo?
　　　　　　씨 벤따니야 오 빠시요
네, 창가 쪽 원하세요 아니면 복도 쪽 좌석요?

Viajero: Ventanilla, por favor.
　　　　　벤따니야 뽀르 파보르
창가 쪽으로 원합니다.

Taquillera: ¿Fumador o no fumador?
　　　　　　푸마도르 오 노 푸마도르
흡연석 아니면 비흡연석요?

Viajero: Prefiero de no fumador.
_{쁘레피에로 데 노 푸마도르}
비흡연석으로 원합니다.

Taquillera: ¿Asiento o litera?
_{아시엔또 오 리떼라}
일반 좌석요 아니면 간이 침대칸요?

Viajero: Quiero asiento.
_{끼에로 아시엔또}
일반 좌석을 원합니다.

Taquillera: Perfecto, aquí tiene el billete. Vaya al andén 3 (tres).
_{뻬르펙또 아끼 띠에네 엘 비예떼 바야 알 안덴 뜨레스}
알겠습니다. 여기 티켓 있구요. 3번 플랫폼으로 가세요.

Es el vagón 15(quince) y el asiento 45(cuarenta y cinco).
_{에스 엘 바곤 낀쎄 이 엘 아시엔또 꽈렌따 이 씽꼬}
15번차 좌석번호 45번입니다.

어휘

salir 살리르 나가다 próximo(a) 쁘록시모 다음의 el tren 뜨렌 기차
para 빠라 ~행 la mañana 마냐나 아침 llegar 예가르 도착하다
el billete de ida 비예떼 데 이다 편도 티켓
el billete de ida y vuelta 비예떼 데 이다 이 부엘따 왕복 티켓
la ventanilla 벤따니야 창문 el pasillo 빠시요 복도
preferir 쁘레페리르 선호하다 el fumador 푸마도르 흡연자
el asiento 아시엔또 좌석 perfecto 뻬르펙또 완벽한 la litera 리떼라 간이침대
el andén 안덴 승강장, 플랫폼 el vagón 바곤 차, 객차

생생 여행 TIP

스페인의 국철은 RENFE 렌페이며 중장거리 여행을 하려면 Media distancia, 도시근교여행에는 근교열차인 세르까니아스 Cercanía를 이용하면 된다. 고속 열차인 AVE(아베 Alta Velocidad Española의 약자로 "새"를 의미한다)는 시속 300km로 달리며 마드리드에서 바르셀로나까지 3시간 만에 도착할 수 있다. AVE의 좌석은 일반실(Tourista 뚜리스따)와 특실(Preferente 쁘레페렌떼)로 나뉘며 고급좌석인 Club이 있다. 탑승은 예약에 의해서만 이루어지며 예약없이 특급열차는 이용할 수 없다. 주요기차역으로는 마드리드의 아토차역과 차마르틴 역, 바르셀로나의 산츠역, 바스크 지역의 이룬역, 세비야의 산타 후스타역 등이 있다. 장거리 여행시 침대반(con litera 꼰 리떼라)를 이용하면 아주 편리하다.

마드리드 아토차역

스페인 고속 열차 아베

렌페티켓

- Un billete de ida y vuelta. 왕복 티켓 한 장 주세요.

  Quiero un billete de ida para Barcelona. 바르셀로나행 편도 티켓 한 장을 원합니다.

  Quería un billete de ida y vuelta para Madrid. 마드리드행 왕복티켓 한 장 원합니다.

- ¿Ventanilla o pasillo? 창가 쪽 혹은 복도 쪽요?

  Prefiero ventanilla, por favor. 창가 쪽을 원합니다.

  Cualquiera, no importa. 아무데나요, 전 상관 없습니다.

- ¿Fumador o no fumador? 흡연석 혹은 비흡연석요?

  Quiero el de no fumador. 비흡연석으로 원합니다.

  Fumador, por favor. 흡연석으로 원합니다.

- ¿Asiento o litera? 일반 좌석을 원하세요 혹은 간이 침대칸을 원하세요?

  Quiero litera. 간이 침대칸으로 원합니다.

  Quiero asiento. 일반 좌석으로 원합니다.

- Vaya al andén número 3. 플랫폼 3번으로 가세요.

  Vaya는 ir(가다) 동사의 접속법 3인칭 단수형태로 명령형 구문이다.

어휘_기차

- 급행열차   el tren expreso   뜨렌 엑스쁘레소
- 직행열차   el tren directo   뜨렌 디렉또
- 야간열차   el tren nocturno   뜨렌 녹뚜르노
- 편도 승차권   el billete de ida   비예떼 데 이다
- 왕복 승차권   el billete de ida y vuelta   비예떼 데 이다 이 부엘따
- 기차역   la estación de tren   에스따씨온 데 뜨렌
- 검표원   el(la) revisor(a)   레비소르(라)
- 매표원   el(la) taquillero(a)   따끼예로(라)
- 대합실   la sala de espera   살라 데 에스뻬라
- 수하물, 짐   el equipaje   에끼빠헤
- 수하물 보관소   la consigna   꼰시그나
- 창구   la ventanilla   벤따니야
- 매표소   la taquilla   따끼야
- 플랫폼   el andén   안덴
- 침대칸   el vagón dormitorio   바곤 도르미또리오
- 식당칸   el vagón comedor   바곤 꼬메도르
- 일등칸   el vagón de primera clase   바곤 데 쁘리메라 끌라세
- 표 판매기   la máquina de billetes   마끼나 데 비예떼스
- 노선   la línea   리네아
- 자판기   la máquina expendedora   마끼나 엑스뻰데도라

¡스페인이 궁금해요!

세마나 산타(부활절)와 세비야의 봄 축제 라 페리아

4월에 있는 스페인의 "성주간"인 부활절(Semana Santa 세마나 산따)은 스페인의 중요한 종교적 행사로, 이 기간 동안 예수님의 부활을 기리는 많은 퍼레이드들을 볼 수 있다. 부활절 행사는 각 지역의 특색에 따라 조금씩 다른 분위기로 진행되는데 마드리드 등의 카스티야 지방에서는 좀 더 엄격하고 엄숙한 분위기라면 안달루시아 지방은 음악과 화려한 색상 등으로 즐겁고 축제 분위기가 넘친다. 부활절 축제는 종교적인 의미 외에도 스페인 국민이 단합하게 만들고 전 세계의 관광객들을 유치하는 스페인의 가장 중요한 문화 행사이다.

부활절 기간이 지난 다음주에는 세비야의 봄 축제 라 페리아 데 아브릴(La Feria de Abril)이 시작된다. Real de la Feria de Abril 거리에는 각각의 스타일로 꾸며진 1040여 개의 부스(caseta 까세따)에서 세비야 사람들은 가족, 친구들과 축제 분위기를 즐긴다. 스페인 전통 민속 음악인 세비야나스의 음악에 맞혀 춤을 추고 노래를 부른다. 주목을 끄는 것이 세비야 사람들의 집시풍의 화려한 의상이다. 많은 여성들은 이 때 입을 의상을 위해 1년간 저축을 하고 디자인을 고안해 낸다고 한다. 지금까지도 플라멩코 의상은 스페인의 유행의 주류를 형성하고 있다. 이 축제 기간의 유일한 이동 수단인 말 마차의 풍경은 또 다른 볼거리다. 말 운전수들도 전통 의상을 곱게 차려 입고 평소보다 위엄하고 당당한 모습으로 거리를 활보한다. 이 기간에 스페인 남부 안달루시아를 방문하면 스페인의 많은 미녀들을 구경할 수 있다.

28. En la parada de autobús

버스 정류장 ▼

대화

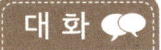
Ana: Perdone, ¿dónde está la parada de autobús?
실례합니다. 버스 정류장은 어디에 있습니까?

에스따 후스또 아이
David: Está justo allí.
바로 저기에 있습니다.

돈데 뿌에도 꼬헤르 엘 아우또부스 누메로   뜨레인따 이 뜨레스
Ana: ¿Dónde puedo coger el autobús número 33(treinta y tres)?
33번 버스를 어디에서 탈 수 있어요?

아이 미스모
David: Allí mismo.
바로 저기요.

에스 께 뗑고 께 이르 알 아에로뿌에르또 엘 아우또부스 누메로 뜨레인따 이 뜨레스 바 알 아에로뿌에르또
Ana: Es que tengo que ir al aeropuerto. ¿El autobús número 33(treinta y tres) va al aeropuerto?
사실은 제가 공항으로 가야 하는데요. 33번 버스가 공항으로 가나요?

씨 아시 에스
David: Sí, así es.
네, 그렇습니다.

Ana: ¿Con qué frecuencia circula?
곤 께 프레꾸엔씨아 씨르꿀라
버스가 얼마나 자주 오나요?

David: Pasa cada 15(quince) minutos.
빠사 까다 낀쎄 미누또스
15분마다 지나갑니다

Ana: ¿Cuánto es la tarifa de autobús?
꾸안또 에스 라 따리파 데 아우또부스
버스 요금은 얼마입니까?

David: Son 1,50(uno con cincuenta) euros. Tiene que comprar el Metrobús.
손 우노 꼰 씽꾸엔따 에우로스 띠에네 께 꼼쁘라르 엘 메뜨로부스
1.50유로입니다. 버스 정액권을 사셔야 합니다.

Ana: ¿Dónde puedo comprar el Metrobús?
돈데 뿌에도 꼼쁘라르 엘 메뜨로부스
버스 정액권은 어디서 살 수 있어요?

David: En el estanco. El estanco está al lado de la parada.
엔 엘 에스땅꼬 엘 에스땅꼬 에스따 알 라도 데 라 빠라다
담배가게에서요. 담배가게는 버스 정류장 옆에 있습니다.

어휘

el autobús 아우또부스 버스   la parada 빠라다 정류장

coger 꼬헤르 타다   el número 누메로 번호

allí 아이 거기에, 저기에   mismo 미스모 바로   el aeropuerto 아에로뿌에르또 공항

así 아시 그렇게, 이렇게   la frecuencia 프레꾸엔씨아 빈번함

circular 씨르꿀라르 순환하다. 돌다   pasar 빠사르 지나가다   cada 까다 각각의

el minuto 미누또 분   la tarifa 따리파 요금   comprar 꼼쁘라르 사다

el estanco 에스땅꼬 담배가게   al lado 알 라도 옆에

생생 여행 TIP

스페인어로 지하철은 metro 메뜨로 혹은 subte 숩떼라고 부른다. 마드리드 지하철 1회권 승차 티켓은 1,50유로이고 Metrobús 메뜨로부스는 지하철과 버스 10회 사용권으로 12,20유로이다. 스페인 지하철은 전구간이 동일하며 버스와 지하철을 동일한 승차권으로 사용 가능하다. 티켓은 지하철역 내부, 키오스코 (quiosco 끼오스꼬) 혹은 담배가게(estanco 에스땅꼬)에서 구입할 수 있다. 여행자 전용 티켓(abono turístico 아보노 뚜리스띠꼬)를 사면 훨씬 더 저렴한 가격으로 시내관광을 할 수 있다. 지하철은 총 11개의 노선이며 오전 6시부터 밤 1시 30분까지 운행한다. 환승구는 correspondencia 꼬레스뽄덴씨아, 출구는 salida 살리다라고 쓰여져 있다. 버스는 오전 6시부터 밤 12시까지 운행하는 정규 노선과 새벽 5시까지 운행하는 나이트 버스(autobús nocturno 아우또부스 녹뚜르노)가 있다. 마드리드 시티 투어는 Madrid VISIÓN 마드릳 비시온이라는 시티 투어 버스를 이용할 수 있다.

마드리드 버스

마드리드 Gran Via 지하철역

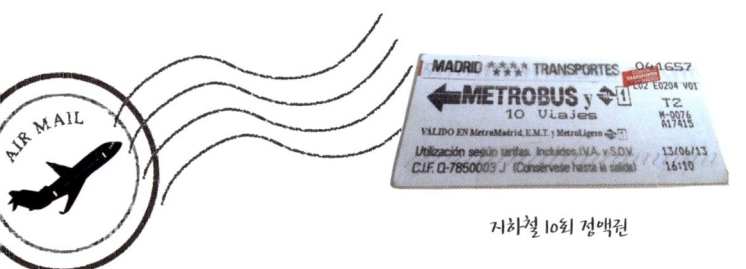

지하철 10회 정액권

- ¿Dónde está la parada de autobús? 버스 정류장이 어디에 있습니까?

  ¿Donde está el metro más cercano? 가장 가까운 지하철이 어디에 있습니까?

  ¿Hay alguna parada de autobús cerca de aquí? 이 근처에 버스 정류장 있나요?

  ¿Hay alguna estación de metro cerca de aquí? 이 근처에 지하철역 있나요?

- Está justo allí. 바로 저기에 있습니다.

  Está justo ahí. 바로 저기에 있습니다.

  Está aquí mismo. 바로 여기에 있습니다.

- ¿Dónde puedo coger el autobús número 33? 33번 버스를 어디서 탈 수 있나요?

  ¿Dónde se puede coger un autobús para la Plaza Mayor? 마요르 광장 가는 버스를 어디서 탈 수 있나요?

- ¿Con qué frecuencia circula el número 33? 33번 버스는 얼마나 자주 운행하나요?

  ¿Hasta qué hora circulan los autobuses? 버스는 몇 시까지 운행합니까?

- ¿Cuánto es la tarifa de autobús? 버스 요금이 얼마입니까?

  ¿Cuánto es la tarifa de metro? 지하철 요금이 얼마입니까?

어휘_버스

- 버스 정류장　la parada de autobús　빠라다 데 아우또부스
- 버스 터미널　la terminal de autobuses　떼르미날 데 아우또부세스
- 셔틀버스　el bus lanzadera　부스 란싸데라
- 마을버스　el bus del barrio　부스 델 바리오
- 관광버스　el autobús de turismo　아우또부스 데 뚜리스모
- 시내버스　el autobús (ciudadano)　아우또부스 (씨우다다노)
- 시외버스　el autobús interurbano　아우또부스 인떼르우르바노
- 장거리버스　el autobús de larga distancia
　　　　　아우또부스 데 라르가 디스딴씨아
- 운전기사　el conductor　꼰둑또르
- 요금　la tarifa　따리파
- 버스표　el billete　비예떼
- 첫차　el primer autobús　쁘리메르 아우또부스
- 막차　el último autobús　울띠모 아우또부스
- 노선　la línea　리네아
- 타다　subir　수비르
- 내리다　bajar　바하르
- 줄서다　hacer cola　아쎄르 꼴라
- 멈추다　parar　빠라르
- 지연되다　retrasar　레뜨라사르
- 갈아타다　hacer transbordo　아쎄르 뜨란스보르도
- 종점　la última parada　울띠마 빠라다
- 짐칸　el compartimento de equipaje
　　　꼼빠르띠멘또 데 에끼빠헤
- 출발 시각　la hora de salida　오라 데 살리다
- 도착 시각　la hora de llegada　오라 데 예가다

¡스페인이 궁금해요!

코르도바의 정원 페스티벌

스페인 안달루시아 지방의 코르도바에서는 매년 5월 중순에서 말엽에 코르도바 정원 페스티벌이 열린다. 안달루시아 지방의 코르도바는 아름다운 정원으로 전 세계적으로 정평이 나 있어 이 시즌에는 수많은 관광객들로 도시는 붐비게 된다. 1930년 대부터 이 정원 페스티벌이 시작되어, 처음엔 10여 개 곳에서 출전했으나, 지금은 100여 개의 집이 출전한다고 한다. 축제 기간 동안에는 집집마다 정원과 마당을 개방하기 때문에 누구나 마음껏 들어와서 구경할 수 있다.

아름다운 정원이 딸린 집은 안달루시아 사람들에게는 그들의 생활에 깊숙이 스며들어 있는 중요한 문화의 일부분이다. 세계에서 유일무이한 정원 축제로서 지금까지도 한결같이 유지되고 있는 걸 보면 코르도바인들의 정원이 그들의 삶에 미치는 영향과 중요성에 대해 실감하게 된다. 내가 세비야에 거주할 당시에도 정원에 매료되어 크리스티나 집에 살기로 결정했다. 같이 살던 집주인 크리스티나는 집 안쪽에 자리잡은 정원에서 나무와 식물 가꾸기가 취미이자 그녀의 중요한 일상생활이었다.

29. En la agencia de coches de alquiler

렌터카 대리점

대화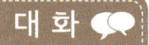

Cliente: 끼에로 알낄라르 운 꼬체
Quiero alquilar un coche.
차를 한 대 렌트하고 싶습니다.

Empleado: 께 띠뽀 데 꼬체 끼에레
¿Qué tipo de coche quiere?
어떤 종류의 차를 원하세요?

Cliente: 끼에로 알낄라르 운 꼬체 아우또마띠꼬 이 뻬께뇨
Quiero alquilar un coche automático y pequeño.
자동식의 작은 차를 임대하고 싶어요.

Empleado: 에스뻬레 운 모멘또 뽀르 파보르 떼네모스 에스또스 모델로스
Espere, un momento, por favor. Tenemos estos modelos.
잠시만 기다리세요. 이 모델들이 있어요.

Cliente: 끼에로 에스떼 꼬체 로호 꾸알 에스 라 따리파
Quiero este coche rojo. ¿Cuál es la tarifa?
이 빨강색 차를 원합니다. 요금이 어떻게 됩니까?

Empleado: 노벤따 에우로스 알 디아
90(noventa) euros al día.
하루에 90유로입니다.

끼에로 꼰뜨라따르 운 세구로 아 또도 리에스고

Cliente: Quiero contratar un seguro a todo riesgo.
전재해 보험을 계약하고 싶어요.

에스따 비엔 꾸안또스 디아스 바 아 알낄라르로

Empleado: Está bien. ¿Cuántos días va a alquilarlo?
좋아요. 며칠 동안 렌트하실 겁니까?

끼에로 알낄라르로 뽀르 뜨레스 디아스

Cliente: Quiero alquilarlo por tres días.
이 차를 3일 동안 렌트하고 싶어요.

손 도스씨엔또스 세뗀따 에우로스

Empleado: Son 270(doscientos setenta) euros.
270유로입니다.

어휘

la agencia 아헨씨아 대리점, 회사   el coche 꼬체 자동차
el alquiler 알낄레르 임대, 렌트   alquilar 알낄라르 임대하다   el tipo 띠뽀 종류
querer 께레르 원하다   automático 아우또마띠꼬 자동의
el modelo 모델로 모델, 형   rojo 로호 빨강   pequeño(a) 뻬께뇨 작은
esperar 에스뻬라르 기다리다   el momento 모멘또 순간   cuál 꾸알 무엇
contratar 꼰뜨라따르 계약하다
el seguro a todo riesgo 세구로 아 또도 리에스고 전재해 보험
la tarifa 따리파 요금, 가격   este 에스떼 이, 이것   el día 디아 날, 일

냉냉 여행 TIP

스페인의 자동차는 대부분 수동 변속차이고 오토차량가격은 수동가격의 약 5배 정도이다. 렌트카 계약시 반드시 보험관계를 확인해야 하며 모든 혜택을 받을 수 있는 전재해 보험(seguro a todo riesgo)을 가입하는 것이 더 좋다. 렌트하려면 만 21세 이상, 운전 경력 1년 이상의 국제 운전 면허증(carné de conducir internacional)이 필요하다. 렌트카 대리점으로는 Hertz, Avis, Europcar 등이 있다. 시내 관광은 주차 등의 문제가 까다로우므로 대중교통을 이용하는 것이 더 편리하고 장거리 여행할 때는 렌트하는 것이 좋으며 렌트하기 전에 차의 정비 상태를 잘 확인해야 한다.

주차장 안내 게시판

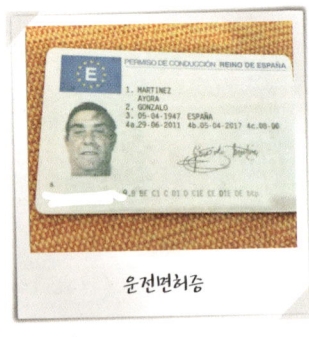

운전면허증

철물점 ferretería

- Quiero alquilar un coche. 차 한 대를 렌트하고 싶습니다.
  Voy a alquilar un coche. 차 한 대를 렌트할려고 합니다.
  Me gustaría alquilar un coche. 차 한 대를 렌트하고 싶습니다.

- ¿Qué tipo de coche quiere? 어떤 종류의 차를 원하십니까?
  ¿Qué clase de coche quiere? 어떤 종류의 차를 원하세요?
  ¿Qué modelo de coche quiere? 어떤 모델의 차를 원하세요?

- Espere un momento, por favor. 잠시만 기다려 주세요.
  Espere는 esperar의 접속법 변화형으로 usted에 대한 명령형.
  Espera un momento, por favor. 잠시만 기다려 주세요.(tú: 너)
  Un momentito, por favor. 아주 잠깐만요.(momento에 축소사 –ito가 결합한 형태)

- ¿Cuál es la tarifa? 요금이 얼마입니까?
  ¿A cuánto sale el alquiler? 렌트비가 얼마하나요?

어휘_운전

• 운전 면허증	el carné de conducir	까르네 데 꼰두씨르
• 대형차	el coche grande	꼬체 그란데
• 중형차	el coche mediano	꼬체 메디아노
• 소형차	el coche pequeño	꼬체 뻬께뇨
• 트렁크	el maletero	말레떼로
• 오토차	el coche automático	꼬체 아우또마띠꼬
• 수동차	el coche manual	꼬체 마누알
• 스틱(기어)	la palanca de cambio	빨랑까 데 깜비오
• 스포츠카	el coche deportivo	꼬체 데뽀르띠보
• 컨버터블카	el coche descapotable	꼬체 데스까뽀따블레
• 톨게이트	la caseta de peaje	까세따 데 뻬아헤
• 통행료	la cuota	꾸오따
• 고속도로	la autopista	아우또삐스따
• 도로 지도	el mapa de carreteras	마빠 데 까레떼라스
• 국도	la carretera nacional	까레떼라 나씨오날
• 보증금	la fianza	피안싸
• 일방통행	sentido único	센띠도 우니꼬
• 주차하다	aparcar	아빠르까르
• 주차	el aparcamiento	아빠르까미엔또
• 교통사고	el accidente de tráfico	악씨덴떼 데 뜨라피꼬
• 신호등	el semáforo	세마포로
• 보행자	el peatón	뻬아똔
• 횡단보도	el paso de peatones	빠소 데 뻬아또네스

¡스페인이 궁금해요!

스페인의 종교

스페인은 법적으로는 종교의 자유가 인정되었지만 국민의 대부분이 가톨릭교도이고 가톨릭 유아세례를 받는다. 가톨릭교는 그들의 일상 생활 구석구석까지 많은 영향을 미치고 있다. 스페인 가톨릭 교회는 거대한 부동산 소유자이며 가장 보수적이고 정치적으로는 우익 성향이 강하다. 요즘 젊은 세대들 간에는 종교적 신심은 찾아보기 힘들고 주일 미사에 참여하는 신도는 아주 드물다. 스페인에서 종교는 젊은이들 사이에서 가장 기피하는 테마 중의 하나이다. 가톨릭 세례를 받은 신자(católico 까똘리꼬)이지만 주일 미사를 나가지 않는 냉담자를 no practicante 노 쁘락띠깐떼라고 한다. 대부분 가족과 친구의 결혼식 혹은 장례식 등의 행사 때만 미사에 참여한다. 스페인의 대표적인 종교적 연례 행사인 부활절은 스페인의 3대 축제 중의 하나로 종교적인 의미는 다소 퇴색되고 축제의 의미로 많이 부각되고 있다.

**성가족 대성당
라 사그라다 파밀리아**

톨레도 대성당

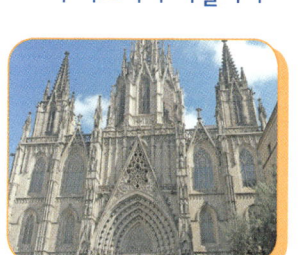
바르셀로나 대성당

세비야 대성당

30. En la gasolinera

주유소

대화

예네 엘 데뽀시또 데 가솔리나 뽀르 파보르
Cliente: Llene el depósito de gasolina, por favor.
가솔린 탱크를 가득 채워 주세요.

발레
Empleado: Vale.
네.

뿌에데 엑사미나르 라 루에다 뽀르 파보르
Cliente: ¿Puede examinar la rueda, por favor?
바퀴 좀 점검해 주시겠어요?

데 아꾸에르도
Empleado: De acuerdo.
알겠습니다.

돈데 에스따 엘 라바데로 데 꼬체스
Cliente: ¿Dónde está el lavadero de coches?
세차장은 어디에 있어요?

아끼 미스모 뻬로 에스 데 아우또세르비씨오
Empleado: Aquí mismo. Pero es de autoservicio.
바로 여기예요. 그런데 셀프서비스입니다.

꾸안또 에스 라 따리파 델 라바데로 데 꼬체스
Cliente: ¿Cuánto es la tarifa del lavadero de coches?
세차장 요금은 얼마입니까?

Empleado: _{손 오초 에우로스}
Son 8(ocho) euros.
8유로입니다.

Cliente: _{돈데 에스따 엘 따예르 데 꼬체스 에스 께 로스 프레노스 레치난}
¿Dónde está el taller de coches? Es que los frenos rechinan.
자동차 정비소는 어디에 있나요? 브레이크 밟을 때 소리가 나요.

Empleado: _{아끼 엔 라 에스끼나 아이 우노}
Aquí en la esquina hay uno.
여기 모퉁이에 하나 있어요.

Cliente: _{띠에네 마빠 데 까레떼라스}
¿Tiene mapa de carreteras?
고속도로 지도 있습니까?

Empleado: _{씨 아끼 띠에네}
Sí. Aquí tiene.
네. 여기 있습니다.

Gasolinera en la carretera

어휘

llenar 예나르 가득 채우다 el depósito 데뽀시또 탱크

la gasolina 가솔리나 가솔린 examinar 엑사미나르 검사하다

la rueda 루에다 바퀴 el lavadero de coches 라바데로 데 꼬체스 세차장

el autoservicio 아우또세르비씨오 셀프서비스 la tarifa 따리파 요금

el taller de coches 따예르 데 꼬체스 자동차 정비소

rechinar 레치나르 삐걱 소리가 나다 el freno 프레노 브레이크

la esquina 에스끼나 모퉁이 el mapa 마빠 지도 la carretera 까레떼라 고속도로

> 🔍 **생생** **여행 TIP**
>
> 디젤 엔진차와 가솔린 차량이 있는데 디젤 엔진차량을 렌트하는 것이 조금 더 비싸지만 연비가 아주 좋기 때문에 장거리 여행에는 더 좋다.
>
> 스페인에 관광 목적으로 온 여행객은 한국에서 발급받아온 국제면허증을 소지하고 있으면 된다. 스페인에 장기 체류하는 유학생의 경우에는 거주허가증을 발급받아 스페인 유럽연합 운전면허증으로 교환해야 한다. 거주허가증 신청과 발급에 소요되는 시간이 길기 때문에 스페인에서 곧바로 운전을 해야 하는 경우에는 한국에서 국제면허증을 만들어 오는 것이 좋다.

스페인 주유소

버스 터미널

톨레도행 버스티켓

- Llene el tanque de gasolina, por favor. 휘발유 탱크 가득 채워 주세요.

  Cincuenta euros de gasolina, por favor. 휘발유 50유로치 넣어 주세요.

  Ponga 40 litros de gasolina, por favor. 휘발유 40리터 넣어 주세요.

  El depósito está vacío. 탱크가 비었어요.

- ¿Puede examinar la rueda, por favor? 타이어 점검해 주시겠어요?

  ¿Puede cambiar la rueda? 타이어 교체해 주시겠어요?

  ¿Puede revisar el coche? 차 점검해 주시겠어요?

  ¿Puede llenar el aceite del motor? 엔진오일 채워 주시겠어요?

- Es que los frenos rechinan. 브레이크에서 소리가 나요.

  Está goteando aceite. 기름이 세고 있어요.

  La rueda ha reventado. 타이어가 터졌어요.

  El coche no arranca. 차가 시동이 안 걸려요.

  Se ha quedado sin batería. 바테리가 방전됐어요.

  El motor se calienta demasiado. 엔진이 과열됐어요.

- ¿Tiene mapa de carreteras? 고속도로 지도 있습니까?

  ¿Me podría dar un mapa de carreteras? 고속도로 지도 하나 주실 수 있으세요?

어휘_자동차

- 무연휘발유   la gasolina sin plomo   가솔리나 신 쁠로모
- 경유   el diésel   디에셀
- 번호판   la matrícula   마뜨리꿀라
- 정비소   el taller mecánico   따예르 메까니꼬
- 브레이크   el freno   프레노
- 타이어   la rueda   루에다
- 라이트   los faros   파로스
- 악셀   el acelerador   악쎌레라도르
- 백미러   el espejo retrovisor   에스뻬호 레뜨로비소르
- 와이퍼   el limpiaparabrisas   림삐아빠라브리사스
- 윤활류   el aceite   아쎄이떼
- 펑크   el pinchazo   삔차쏘
- 엔진오일   el aceite de motor   아쎄이떼 데 모또르
- 냉각수   el agua de enfriamiento   아구아 데 엔프리아미엔또
- 주유펌프   la bomba de gasolina   봄바 데 가솔리나
- 부동액   el líquido del radiador   리끼도 델 라디아도르
- 타이어 공기압   la presión de los neumáticos
    쁘레시온 데 로스 네우마띠꼬스
- 점화 플러그   la bujía   부히아
- 세차장   el lavadero   라바데로
- 세차   el lavado   라바도
- 경적   el claxon   끌락손
- 경적을 울리다   pitar   삐따르
- 히터   el calentador   깔렌따도르

¡ 스페인이 궁금해요!

까미노 데 산티아고 Camino de Santiago

산티아고는 예수님의 열 두 제자 가운데 한 명인 야곱을 일컫는 스페인어 이름으로 "산티아고의 길"은 천 년 전에 사도 야곱이 걸었던 길을 의미한다. 성자 산티아고의 무덤이 있는 산티아고 데 콤포스텔라 도시는 세계에서 가장 유명한 성지 순례지가 되었다. 산티아고 콤포스텔라까지 약 800km에 달하는 길로 완주 기간은 약 한 달이다. 가장 오랫동안 사랑받아온 프랑스 길 이외에도 산티아고 데 콤포스텔라에 도달하는 길이 12개나 더 있다고 한다. 스페인의 피레네 산맥을 가로 지르며 역사적 중심지와 아름다운 마을들뿐만 아니라 아름다운 자연 경관을 즐길 수 있고, 스페인의 맛있는 음식까지 만끽할 수 있다. 순례자들이 순례자 숙소인 알베르게에 숙박하기 위해서는 순례자 여권(credencial 끄레덴시알)이 필요한데 알베르게에서 확인 도장을 찍어준다. 산티아고에 도착한 순례자는 이 순례자 여권을 제시하고 순례자 증서를 받게 된다. 원래는 가톨릭 성지 순례자의 길이었으나 현재는 나를 찾아 떠나는 도보여행자들이 걷는 길이다.

순례자 증서

까미노 순례자들

순례자 상징 가리비 조개

순례자 여권

Capítulo 07
관광 및 레저

31. 관광 안내소
32. 사진 찍기
33. 영화관
34. 클럽

리세우 대극장 Gran Teatre del Liceu
바르셀로나 람블라스 거리 중심에 위치한 오페라하우스. 1847년에 오픈했고, 화재와 폭탄테러로 파괴된 것을 2001년에 완전히 복원해 현재에 이르고 있다. 2300석의 좌석과 3개의 공연을 동시에 올릴 수 있는 무대장치로 스페인을 대표하는 극장으로 운영되고 있다.

31. En la oficina de turismo

관광 안내소

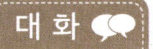

빼르도네 세뇨르 뽀드리아 다르메 인포르마씨온
Cliente: Perdone, señor. ¿Podría darme información?
실례합니다, 선생님. 정보 좀 주실 수 있으세요?

씨 뽀르 수뿌에스또
Empleado: Sí, por supuesto.
네, 물론입니다.

끼에로 이르 아 라 뿌에르따 데 알깔라 뻬로 노 세 돈데
에스따 엑삭따멘떼
Cliente: Quiero ir a la Puerta de Alcalá, pero no sé dónde está exactamente.
제가 뿌에르따 데 알깔라에 가고 싶어요. 그런데 정확히 어디에 있는지 모르겠어요.

뿌에데 우스뗃 인디까르메 라 디렉씨온
¿Puede usted indicarme la dirección?
저한테 주소를 알려 주실 수 있나요?

에스따 운 뽀꼬 레호스 데 아끼 에스 메호르 꼬헤르 엘
아우또부스
Empleado: Está un poco lejos de aquí. Es mejor coger el autobús.
여기서 조금 멀리 있어요. 버스를 타는 게 더 좋습니다.

Cliente: ¿Qué autobús tengo que coger?
무슨 버스를 타야 하나요?

Empleado: Es el autobús número 915 (novecientos quince). Y tiene que ir a la Plaza de la Independencia.
915번 버스입니다. 그리고 인데펜덴시아 광장에 가셔야 돼요.
Está más o menos a treinta minutos de aquí.
여기서 약 30분 걸려요.

Cliente: ¿Me podría dar un plano de la ciudad?
도시 지도 하나를 주실 수 있어요?

Empleado: Claro, aquí está.
물론입니다. 여기 있습니다.

Cliente: Muchísimas gracias.
대단히 감사합니다.

어휘

perdonar 뻬르도나르 용서하다 el señor 세뇨르 ~씨, 선생님 dar 다르 주다
me 메 나에게 la información 인포르마씨온 정보 ir 이르 가다
saber 사베르 알다 dónde 돈데 어디에 exactamente 엑삭따멘떼 정확히
indicar 인디까르 가리키다 la dirección 디렉씨온 주소 lejos 레호스 멀리
mejor 메호르 더 좋은 coger 꼬헤르 타다 el autobús 아우또부스 버스
el minuto 미누또 분 el plano 쁠라노 지도 la ciudad 씨우닫 도시
muchísimo(a) 무치시모 아주 많은

냉냉 여행 TIP

관광 안내소는 보통 월~금요일까지 09:30~14:00, 16:30~20:00까지 연다. 도시 지도(plano)와 숙박, 레스토랑 및 관광 안내 팜플렛(folletos)를 무료로 얻을 수 있으며 더 저렴하게 도시를 여행할 수 있는 베스트 코스 정보를 제공받을 수 있다. 숙소 예약 서비스를 받을 수 있고 무료 할인 쿠폰을 챙기면 알뜰하게 여행할 수 있다. 좀 더 자세한 지도 등을 갖고 싶으면 키오스코(quiosco)나 서점(librería)에서 구매할 수 있다. 스페인의 도시는 구획정리가 잘 되어 있고 거리 이름이 표시되어 있어 지도만 잘 볼 줄 알면 여행하는데 별 어려움이 없다.

바르셀로나 관광 안내소

토레몰리노스 관광 안내소

마드리드 시티투어버스

바르셀로나 시티투어버스

- ¿Podría darme información? 저한테 정보를 좀 주실 수 있으세요?
  〈¿Podría + 동사원형?〉은 "~해 주실 수 있으세요?"라는 아주 공손한 부탁을 할 때 쓰는 표현.

  ¿Podría darme un plano de la ciudad? 도시 지도를 주실 수 있으세요?

- No sé dónde está exactamente. 어디에 있는지 정확히 모르겠어요.
  Sé는 saber(알다)동사의 1인칭 단수의 동사변화로 No sé는 "잘 몰라요"라는 의미.

  No sé dónde está la estación de metro. 지하철 역이 어디에 있는지 잘 모르겠어요.

  No sé dónde está el mercado. 시장이 어디에 있는지 몰라요.

- Está un poco lejos de aquí. 여기서 조금 멀어요.

  Está muy cerca de aquí. 여기서 아주 가까워요.

  Está justo en la esquina. 바로 코너에 있어요.

- Está más o menos a treinta minutos de aquí. 여기서 약 30분 거리에 있어요.
  〈Estar a + 시간〉은 "얼마의 거리에 있다"는 의미의 회화 표현.

  Está a una hora de aquí. 여기서 1시간 거리에 있어요.

- Muchísimas gracias. 아주 많이 감사합니다.

  Se lo agradezco mucho. 아주 감사드립니다.

어휘 _관광

• 유적지	las ruinas	루이나스
• 기념물	el monumento	모누멘또
• 관광지	el lugar turístico	루가르 뚜리스띠꼬
• 관광	el turismo	뚜리스모
• 사원	el templo	뗌쁠로
• 박물관	el museo	무세오
• 미술관	la galería de arte	갈레리아 데 아르떼
• 전시장	la exposición	엑스뽀시씨온
• 성	el castillo	까스띠요
• 건축물	el edificio	에디피씨오
• 광장	la plaza	쁠라싸
• 박람회	la feria	페리아
• 궁전	el palacio	빨라씨오
• 대성당	la catedral	까떼드랄
• 탑	la torre	또레
• 전망대	el mirador	미라도르
• 국립공원	el parque nacional	빠르께 나씨오날
• 자유시간	el tiempo libre	띠엠뽀 리브레
• 출발시간	la hora de salida	오라 데 살리다
• 돌아오는 시간	la hora de regreso	오라 데 레그레소
• 휴게소	el área de descanso	아레아 데 데스깐소
• 크루즈	el crucero	끄루쎄로
• 온천	aguas termales	아구아스 떼르말레스
• 수족관	el acuario	아꾸아리오
• 가이드	el(la) guía	기아

¡스페인이 궁금해요!

크리스마스(Navidad)와 동방박사의 날(Día de los Reyes Magos)

12월 24일 크리스마스 이브와 크리스마스에는 가족들끼리 모여 저녁 식사를 하고 선물을 교환한다. 스페인은 크리스마스트리가 아닌 "벨렌"(Belén)이라는 장식을 만든다. 아기예수가 태어난 마구간과 동방박사 세 사람이 찾아오는 모습을 만든 미니어처 장식이다. 이 시즌에 스페인 사람들은 우리나라의 엿과 비슷한 투론(turrón), 아몬드 파이 마사판(mazapán), 크림빵 로스콘(roscón), 버터과자 뽈보로네스(polvorones)와 만테까도(mantecado)등의 전통과자를 즐겨 먹는다. 크리스마스 시즌의 일등 당첨 복권인 "엘고르도"(El Gordo) 똥보복권은 세계 최대 당첨금으로 유명하다.

1월 6일은 동방박사의 날(Día de los Reyes Magos)로 우리나라의 어린이날이다. 1월 5일 전야제 행사로 산타마차들이 퍼레이드를 하며 아이들에게 사탕을 던져준다. 크리스마스 시즌에는 "¡Feliz Navidad!" 펠리쓰 나비닫(메리 크리스마스)라고 인사해 보자!

엘 고르도 복권 판매점

벨렌 장식

마사판

스페인 전통과자 투론과 만테까도

32. Sacar fotos

사진 찍기

대 화

Sara: 디스꿀뻬 세뇨르 뿌에데 사까르메 우나 포또 뽀르 파보르
Disculpe, señor. ¿Puede sacarme una foto, por favor?
실례합니다만, 사진 한 장 찍어 주실 수 있으세요?

Señor: 끌라로 꼬모 푼씨오나 에스따 까마라
Claro. ¿Cómo funciona esta cámara?
물론이죠. 이 카메라는 어떻게 작동하는 거예요?

Sara: 솔로 띠에네 께 쁘레시오나르 에스떼 보똔 데 아끼
Solo tiene que presionar este botón de aquí.
여기 이 버튼만 누르시면 돼요.

Señor: 무이 비엔 아쎄르까떼 운 뽀꼬 마스 씨 씨 뽄떼 아이
Muy bien. Acércate un poco más. Sí, sí, ponte allí.
네, 알겠습니다. 조금 더 가까이 오세요. 네,네, 거기 서세요.

Sara: 아끼
¿Aquí?
여기요?

Señor: 씨 아오라 무에베떼 운 뽀꼬 아 라 이쓰끼에르다 뻬르펙또 께다떼 아이 에스따스 리스따
Sí, ahora muévete un poco a la izquierda. Perfecto, quédate ahí. ¿Estás lista?
네, 지금은 왼쪽으로 조금 움직이세요. 완벽해요. 거기 가만히 있어요. 준비됐죠?

Sara: Sí. Que salga el paisaje de fondo, por favor.
네. 배경이 나오게 찍어주세요.

Señor: Vale. Sonríe. ¡Patata!
알았어요. 미소 지으세요. 김치!

Sara: ¿Ya la ha sacado?
이제 다 찍었어요?

Señor: Sí, aquí tienes. ¿Te gusta?
네, 여기 있어요. 맘에 들어요?

Sara: Sí, ha salido muy bien. Gracias, señor.
네, 아주 예쁘게 잘 나왔네요. 감사합니다. 선생님.

cámara digital 디지털카메라
carrete 필름
pila 건전지
memoria SD SD메모리

어휘

sacar 사까르 (사진을) 찍다　la foto 포또 사진　funcionar 푼씨오나르 작동하다
la cámara 까마라 카메라　solo 솔로 단지, 오직　presionar 쁘레시오나르 누르다
el botón 보똔 버튼　acercarse 아쎄르까르세 가까이 가다　más 마스 더
ponerse 뽀네르세 위치하다　allí 아이 저기, 거기　salir 살리르 나오다
el paisaje 빠이사헤 풍경　el fondo 폰도 배경　moverse 모베르세 움직이다
un poco 운 뽀꼬 조금　la izquierda 이쓰끼에르다 왼쪽
perfecto 뻬르펙또 완벽한　quedarse 께다르세 머물다　ahí 아이 거기
listo(a) 리스또 준비된　sonreír 손레이르 미소 짓다　la patata 빠따따 감자
ya 야 이미, 벌써, 이제　bonito(a) 보니또 예쁜, 아름다운

생생 여행 TIP

거리를 지나갈 때 혹은 지하철 등에서 내릴 때 상대방과 부딪혔을 경우 등의 조그만 실수를 하였을 경우에는 "Perdón" (뻬르돈 죄송합니다)라는 말을 꼭 건네며 미소를 지어 보자! 박물관이나 미술관 등에서는 사진 촬영이 가능한지 확인해야 한다. 대부분 플래시를 쓰지 않으면 사진 촬영이 가능할 것이다. 다음과 같은 금지 표지판을 알아두면 도움이 될 것이다.

- 출입 금지 Prohibido pasar
- 손대지 마시오 No tocar
- 촬영 금지 Prohibido grabar
- 흡연 금지 Prohibido fumar

손대지 마시오

흡연 금지

플래시 금지

공놀이 금지, 주차 금지

- ¿Puede sacarme una foto, por favor? 사진 한 장 찍어 주실 수 있으세요?

  ¿Me puede sacar una foto, por favor? 사진 한 장 찍어주실 수 있으세요?

  ¿Me podría sacar una foto, por favor? 사진 한 장 찍어 주실 수 있으세요?(좀 더 정중한 표현)

  Sácame una foto, por favor. 사진 한 장만 찍어 주세요.

- ¿Cómo funciona esta cámara? 이 카메라는 어떻게 작동하나요?

  Esta cámara no funciona. 이 카메라가 작동하지 않아요.

- Acércate un poco más. 조금만 더 가까이 오세요.

  Acércate는 acercarse의 3인칭 단수형으로 tú에 대한 명령형.

- ¿Estás listo? 준비 됐어요?

  Ya estoy lista. 이제 준비 됐어요.

- Sonríe. 웃으세요.

  Sonríe는 Sonreír의 3인칭 단수형으로 tú에 대한 긍정명령형.

- La foto ha salido muy bien. 사진이 아주 잘 나왔어요.

  La foto ha salido bonita. 사진이 예쁘게 나왔어요.

  Eres fotogénica. 사진이 참 잘 받으시네요.

어휘_사진

- 디지털 카메라 la cámara digital 까마라 디히딸
- 건전지 la pila 삘라
- 사진 현상 el revelado 레벨라도
- 풍경 el paisaje 빠이사헤
- 셀카 찍기 sacarse un "selfie" 사까르세 운 셀피에
- 사진사 el(la) fotógrafo(a) 포또그라포(파)
- 칼러필름 한 통 un carrete de color 운 까레떼 데 꼴로르
- 흑백필름 한 통 un carrete de blanco y negro
  운 까레떼 데 블랑꼬 이 네그로
- 사진첩 el álbum de fotos 알붐 데 포또스
- 사진이 잘 받는 fotogénico(a) 포또헤니꼬(까)
- 플래시 flash 플라쉬
- 줌 zoom 쑴
- 가로로 horizontal 오리쏜딸
- 세로로 vertical 베르띠깔
- 촬영금지 prohibido sacar fotos 쁘로이비도 사까르 포또스
- 메모리 카드 la tarjeta de memoria 따르헤따 데 메모리아
  (SD카드) memoria SD 메모리아 에세데

- 카메라 렌즈 la lente de la cámara 렌떼 데 라 까마라
- 포즈를 취하다 posar 뽀사르

¡스페인이 궁금해요!

산조르디의 날 Día de San Jordi

산조르디의 날(4월 23일)은 카탈루냐 지방의 수호성인 산조르디(San Jorge)를 기리는 날로 카탈루냐 지방의 가장 큰 축제 중의 하나이다. 카탈루냐 지방의 발렌타인데이라고 할 수 있다. 카탈루냐 지방의 전설에 따르면 정의의 용사 산조르디가 공주를 납치해간 용을 죽이면서 공주를 구하게 되는데 그 용의 몸에서 흐르는 피에서 장미꽃이 피어났다고 한다. 4월 23일은 돈키호테의 작가 세르반테스와 셰익스피어가 죽은 날이기도 하여 국제적으로는 책의 날로도 유명하다.

남자들은 여자들에게 장미꽃을 선물하고 여자들은 남자들에게 책을 선물한다. 요즘은 사랑하는 연인들 사이 뿐만 아니라 가족들끼리도 서로 선물을 교환한다. 바르셀로나의 람블라스 거리는 형형색색의 꽃들과 책을 파는 상인들로 메워지고 거리 곳곳에서 유명 작가들의 사인회가 열린다. 이 날은 1년 중 가장 책이 많이 팔리는 날인 동시에 좋아하는 작가들의 사인을 받을 수 있는 뜻 깊은 날이기도 하다. 거리마다 콘서트나 공연들로 축제 분위기로 가득하다.

33. En el cine

영화관 ▼

대 화

Cliente: ¿Qué películas ponen hoy?
  께 뻴리꿀라스 뽀넨 오이
  오늘은 어떤 영화를 상영하나요?

Empleada: Hoy ponen "El Reino del Hielo" y "La Bella y la Bestia"
  오이 뽀넨 엘 레이노 델 이엘로 이 라 베야 이 라 베스띠아
  오늘은 "겨울왕국"과 '미녀와 야수"를 상영합니다.

Cliente: ¿A qué hora es "El Reino del hielo"?
  아 께 오라 에스 엘 레이노 델 이엘로
  겨울왕국은 몇 시에 있어요?

Empleada: La próxima es a las 3:00(tres).
  라 쁘록시마 에스 아 라스 뜨레스
  다음 영화가 3시에 있습니다.

Cliente: ¿Cuánto tiempo dura la película?
  꾸안또 띠엠뽀 두라 라 뻴리꿀라
  상영 시간은 얼마나 걸리나요?

Empleada: Dura 2(dos) horas y cuarto.
  두라 도스 오라스 이 꾸아르또
  2시간 15분 걸립니다.

Cliente: 뿌에스 엔똔쎄스 데메 도스 엔뜨라다스 빠라 라스 뜨레스 뽀르 파보르
Pues entonces déme dos entradas para las 3:00, por favor.
음, 그렇다면 3시 타임으로 2장 주세요.

Empleada: 뻬르펙또 아이 도스 아시엔또스 엔 라 떼르쎄라 필라 레 바 비엔
Perfecto, hay dos asientos en la tercera fila. ¿Le va bien?
좋습니다. 세 번째 줄에 두 좌석이 있습니다. 괜찮아요?

Cliente: 메 바 무이 비엔
Me va muy bien.
아주 좋아요.

Empleada: 손 라스 부따까스 누메로 낀쎄 이 디에씨세이스 데 라 떼르쎄라 필라
Son las butacas número 15(quince) y 16(dieciséis) de la tercera fila.
세 번째 열의 15,16번 좌석입니다.

바야 아 라 살라 온쎄 데 라 세군다 쁠란따
Vaya a la sala 11(once) de la segunda planta.
2층 11번 상영관으로 가세요.

어휘

la película 뻴리꿀라 영화   poner 뽀네르 상영하다   próximo(a) 쁘록시모 다음의
durar 두라르 시간이 걸리다   la hora 오라 시간   entonces 엔똔쎄스 그렇다면
la entrada 엔뜨라다 입장권, 표   el cuarto 꾸아르또 15분
el asiento 아시엔또 좌석   tercero(a) 떼르쎄로 세 번째의
la butaca 부따까 좌석, 관람석   la fila 필라 (극장의) 줄, 열
segundo(a) 세군도 두 번째의   la planta 쁠란따 층   la sala 살라 극장, 홀

냉냉 여행 TIP

공휴일이 아닌 수요일은 "영화의 날(Día del espectador)"이어서 50% 할인된 가격으로 영화를 볼 수 있다. 또한 영화 페스티발(Fiesta del cine) 기간에는 입장권 가격이 단 2,90유로로 할인 받아 약 2백만 명의 관객이 모여든다. 스페인의 대부분의 영화는 더빙영화라서 스페인어 공부하기는 최적의 조건이다. 스페인어를 모르는 외국인들을 위해 오리지널 버전으로 상영하는 영화관들도 있다. V.O.S표시는 Versión Original Subtitulado(베르시온 오리히날 숩띠뚤라도 원어상영)의 약자다.

영화관 cine

영화 티켓

극장 teatro

- ¿Qué películas ponen hoy? 오늘 어떤 영화를 상영하나요?
  ponen은 poner(상영하다) 동사의 3인칭 복수형으로 무인칭 구문.
  En el cine ponen "Todo sobre mi madre". 영화관에서 '내 어머니의 모든 것'을 상영한다.

- ¿A qué hora es la película? 영화가 몇 시에 있어요?
  <¿A qué hora es + 행사 및 공연?>은 "몇 시에 있어요?"라는 의미의 표현.
  ¿A qué hora es la función? 공연이 몇 시에 있어요?
  ¿A qué hora es el concierto? 콘서트가 몇 시에 있어요?

- ¿Cuánto tiempo dura la película? 영화 상영 시간이 얼마나 걸리나요?
  dura는 durar의 3인칭 단수형 동사.
  Dura aproximadamente una hora y media. 약 1시간 반 걸립니다.

- Dos entradas para las 3:00. 3시 타임으로 두 장요.
  Quiero una entrada para la próxima sesión. 다음 상영으로 표 한 장 원합니다.

- ¿Le va bien? 괜찮아요?(usted:당신)
  va는 ir동사의 3인칭 단수형 동사이고 le는 "당신에게"를 의미하는 간접목적어.
  ¿Te va bien a las tres? 3시 괜찮아요?(tú:너)
  Me va muy bien. 전 아주 좋아요.

📚 어휘_영화 및 공연

• 매표소	la taquilla	따끼야
• 매표원	el(la) taquillero(a)	따끼예로(라)
• 심야영화	la sesión nocturna	세시온 녹뚜르나
• 조조영화	la sesión matutina	세시온 마뚜띠나
• 더빙	el doblaje	도블라헤
• 자막	el subtítulo	숩띠뚤로
• 줄거리	la sinopsis	시놉시스
• 3D 상영	la proyección de 3D	쁘로옉씨온 데 뜨레스데
• 스크린	la pantalla	빤따야
• 좌석 안내자	el(la) acomodador(a)	아꼬모다도르(라)
• 관객	el(la) espectador(a)	에스뻭따도르(라)
• 코메디	la comedia	꼬메디아
• 스릴러	el suspense	수스뻰세
• 로맨스	las películas de amor	뻴리꿀라스 데 아모르
• 역사극	las películas históricas	뻴리꿀라스 이스또리까스
• 미성년자 관람 불가	no apto para menores	노 압또 빠라 메노레스
• 연극	el teatro	떼아뜨로
• 뮤지컬	el musical	무시깔
• 콘서트	el concierto	꼰씨에르또
• 쇼	el espectáculo	에스뻭따꿀로
• 오케스트라	la orquesta	오르께스따
• 춤	el baile	바일레
• 핫도그	el perrito caliente	뻬리또 깔리엔떼
• 팝콘	la palomita	빨로미따

¡ 스페인이 궁금해요!

스페인 영화와 페드로 알모도바르 감독

페드로 알모도바르는 스페인 출신의 세계적인 영화 감독으로 "신경쇠약 직전의 여자"(1988)가 흥행하며 스페인의 국민감독으로 부상했다. 동성애, 트랜스젠더, 양성애, 성적인 유머 등의 요소로 이루어진 그의 작품세계는 언뜻 보기에는 기괴하면서도 황당한 막장 드라마 같은 줄거리를 외부세계로 끄집어 내서 보수세력에 대한 반항과 인간의 본능적 욕망을 솔직하게 표현하고 있다. 게이정서, 대중성, 지저분한 유머, 화려한 색감 등을 통해 예술성을 획득했다는 점에서 고급예술영화를 고집했던 기존의 카를로스 사우라 등의 감독들과 많은 대조를 이루고 있다. 작품마다 그의 인생관이 드러난 연기자들의 삶을 통찰하는 멋진 대사뿐만 아니라 원색의 강렬한 색채와 스페인의 전통 음식, 스페인의 멋진 음악과 노래 등은 영화를 보는 재미를 더해 주기도 한다. 그의 대표작들을 개봉순으로 나열해 보았다.

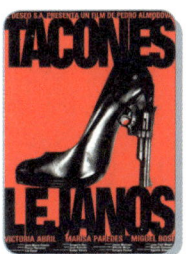
하이힐 1991

내 어머니의 모든것 1999

그녀에게 2002

귀향 2006

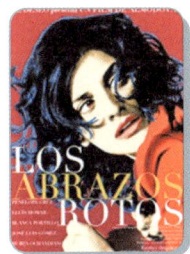
브로큰 임브레이스 2009

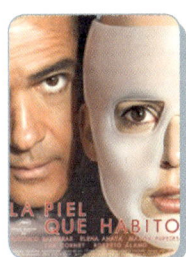
내가 사는 피부 2011

34. En la discoteca

클럽

대화

        올라   끼에레스 바일라르 꼰미고
David: ¡Hola! ¿Quieres bailar conmigo?
안녕! 나랑 춤출래?

     발레
Ana: Vale.
좋아.

       에레스 무이 구아빠   메 구스따 뚜 베스띠도
David: Eres muy guapa . Me gusta tu vestido.
넌 아주 예뻐. 네 원피스가 맘에 들어.

     그라씨아스
Ana: Gracias.
고마워.

        떼 구스따 바일라르
David: ¿Te gusta bailar?
넌 춤추는 거 좋아하니?

     메 엔깐따 바일라르 이 아 띠
Ana: Me encanta bailar. ¿Y a ti?
춤추는 거 완전 좋아해. 넌?

       아 미 땀비엔 이 뚜 메 구스따스 무초 뚜 께 오삐나스 데 미
David: A mí también. Y tú me gustas mucho. ¿Tú qué opinas de mí?
나도 그래. 그리고 난 네가 아주 좋아. 넌 나에 대해 어떻게 생각해?

Ana: Eres muy simpático y divertido. Y me pareces muy atractivo.
에레스 무이 심빠띠꼬 이 디베르띠도 이 메 빠레쎄스 무이 아뜨락띠보
넌 아주 친절하고 재미있어. 아주 매력적인 것 같아.

David: Estoy loco por ti. ¿Te puedo besar?
에스또이 로꼬 뽀르 띠 떼 뿌에도 베사르
난 너한테 미쳐 있어. 키스해도 될까?

Ana: Creo que es demasiado pronto para eso.
끄레오 께 에스 데마시아도 쁘론또 빠라 에소
그러기엔 너무 빠른 것 같아.

David: Tienes razón. ¿Te puedo llevar a tu casa?
띠에네스 라쏜 떼 뿌에도 예바르 아 뚜 까사
네 말이 맞아. 너를 집에 데려다 줘도 되니?

Ana: Sí, claro. Gracias.
씨 끌라로 그라씨아스
그래, 물론이지. 고마워.

어휘

bailar 바일라르 춤추다   conmigo 꼰미고 나와 함께   guapa 구아빠 예쁜
el vestido 베스띠도 원피스   opinar 오삐나르 의견을 가지다, ~라는 의견이다
simpático(a) 심빠띠꼬 친절한   divertido(a) 디베르띠도 재미있는
atractivo(a) 아뜨락띠보 매력적인   loco(a) 로꼬 미친
por ti 뽀르 띠 너 때문에   te 떼 너를, 너에게   besar 베사르 키스하다
creer 끄레에르 생각하다   demasiado 데마시아도 너무, 지나치게
pronto 쁘론또 빠른   la razón 라쏜 도리, 이치   llevar 예바르 데리고 가다

관광 및 레저

생생 여행 TIP

다음은 스페인에서 남자가 여자를 꼬실 때 자주 쓰이는 아부멘트와 작업멘트들이다.

★ 전형적인 아부멘트

에레스 무이 아뜨락띠보(바)
Eres muy atractivo(a). 참 매력적이세요.

메 구스따 뚜 손리사
Me gusta tu sonrisa. 당신의 미소가 좋아요.

띠에네스 로스 오호스 마스 보니또스 께 에 비스또 눈까
Tienes los ojos más bonitos que he visto nunca.
제가 한 번도 보지 못한 아름다운 눈을 가지셨네요.

뚜 미라다 메 부엘베 로꼬
Tu mirada me vuelve loco. 당신의 눈빛은 저를 미치게 하네요.

★ 처음 만난 사람에게 호감이 생겼을 때

노 노스 꼬노쎄모스
¿No nos conocemos? 우리 서로 아는 사이 아닌가요?

노 노스 에모스 비스또 안떼스
¿No nos hemos visto antes? 저희 예전에 본 적 없나요?

끄레에스 엔 엘 아모르 아 쁘리메라 비스따 오 뗑고 께 볼베르 아 빠사르 뽀르 델란떼 뚜요
¿Crees en el amor a primera vista o tengo que volver a pasar por delante tuyo?
첫눈에 반한 사랑을 믿으세요 아니면 제가 당신 앞을 다시 지나갈까요? (스페인식 농담)

★ 데이트 약속을 잡기를 원할 때 (어느 정도 아는 관계에서)

끼에레스 살리르 꼰미고
¿Quieres salir conmigo? 저와 데이트 하실래요?

끼에레스 세르 미 노비오(아)
¿Quieres ser mi novio(a)? 저의 남자친구(여자친구)하시겠어요?

★ 클럽 작업 멘트

떼 뿌에도 인비따르 아 우나 꼬빠
¿Te puedo invitar a una copa? 제가 술 한잔 사도 될까요?

엔 뚜 까사 오 엔 라 미아
¿En tu casa o en la mía? 저희 집 아니면 당신 집이요? (다소 직설적일 수 있음)

- ¿Quieres bailar conmigo? 나와 함께 춤출래?

  <¿Quieres + 동사원형?>은 "~할래?"라고 상대에게 제안하는 회화 표현.

  ¿Quieres cenar conmigo esta noche? 오늘 밤에 나와 함께 저녁 먹을래?

  ¿Quieres salir conmigo esta noche? 오늘 밤에 나와 데이트 할래?

  ¿Quieres ir al cine este fin de semana? 이번 주말에 영화관 갈래?

- Eres muy guapa. 넌 참 예뻐.

  Eres muy bonita. 넌 참 아름다워.

  Eres preciosa(bella). 넌 정말 아름다워.

- Me gusta tu vestido. 난 너의 원피스가 마음에 들어.

  Me gustan tus ojos. 난 너의 눈이 좋아.

  Me gustan tus labios. 난 너의 입술이 좋아.

- Estoy loco por ti. 난 너한테 미쳐 있어.

  Estoy enamorado de ti. 난 너한테 반했어.

- ¿Te puedo besar? 내가 너에게 키스해도 될까?

  <¿Te puedo + 동사원형?>은 "내가 ~해도 될까?"라는 의미의 표현.

  ¿Te puedo llevar a tu casa? 내가 너의 집에 데려다 줘도 될까?

  ¿Te puedo abrazar? 포옹해도 될까?

어휘_연애 및 데이트

- 남자친구   el novio   노비오
- 여자친구   la novia   노비아
- 짝, 커플   la pareja   빠레하
- 반쪽, 솔메이트 la media naranja   메디아 나란하
- 미팅, 소개팅 la cita a ciegas   씨따 아 씨에가스
- 바람둥이 남자 el mujeriego   무헤리에고
              el coquetón   꼬께똔
- 바람둥이 여자 la coquetona   꼬께또나
- 약혼자   fiancé   피안쎄
- 정부, 애인(불륜) el(la) amante   아만떼
- 신혼여행   la luna de miel   루나 데 미엘
- 케미   la química   끼미까
- 밀당   tira y afloja   띠라 이 아플로하
- 데이트하다 salir   살리르
- 작업걸다   ligar   리가르
- 교태부리다 coquetear, flirtear   꼬께떼아르, 플리르떼아르
- 키스하다   besar   베사르
- 포옹하다   abrazar   아브라싸르
- 애무하다   acariciar   아까리씨아르
- 동거하다   vivir en pareja   비비르 엔 빠레하
- 결혼하다   casarse   까사르세
- 바람피우다 poner los cuernos   뽀네르 로스 꾸에르노스

 ¡ 스페인이 궁금해요!

스페인의 연애와 동거

스페인에서 연인 즉 이성으로 교제하는 연인을 novio(노비오 남자친구), novia(노비아 여자친구)라고 부른다. "노비오"라고 정의하기까지 충분한 교제시간과 서로간의 약속 그리고 약간의 진지함이 요구되는 경우가 많다. 그렇지 않으면 amigo(아미고 친구)로 불리우길 원한다. 연인이 되기 직전의 친밀한 관계는 "amigo(a) con derecho a roce"(요즘 신조어로 "썸"정도로 생각하면 되겠다)라고 할 수 있다. novios(노비오스 연인)가 되면 자연스럽게 결혼과 동거의 선택의 기로에서 동거를 선택하는 커플이 늘고 있다. 결혼 전 동거는 스페인에서는 자연스러운 연인관계의 형태로 받아들여지고 있다. 예식절차만 생략하고 법적인 동거 부부 즉 사실혼 관계 부부를 pareja de hecho 빠레하 데 에초라고 부른다. pareja de hecho는 결혼한 부부와 거의 비슷하게 법적인 보호를 받으며(유산 상속 등) 권리를 행사할 수 있다. 스페인에서는 연인관계가 바로 결혼으로 이어지는 우리나라와는 달리 각자의 경제적 상황과 개성에 따라 다양한 형태로 커플이 살아간다.

남녀간의 밀당을 하기 보다는 좀 더 신속하게 직설적으로 다가가는 것을 좋아한다. 사귀기에 앞서 개방적인 여성을 좋아하며 망설이는 것을 싫어한다. 우리 나라에서는 연애와 결혼을 분리해서 생각하지 않아서 사귀기에 앞서 많이 고심하는 편이라면 스페인 사람들은 연애는 행복한 삶을 위해 꼭 해야 할 유희나 놀이 정도로 가볍게 생각하는 편이다. 연애에서만큼은 인내심이 없기 때문에 시간 낭비하는 것을 싫어한다. 동시에 여러 사람을 만나는 것도 서슴지 않으며 이별과 동시에 새로운 만남을 즉각적으로 찾아 나선다.

Capítulo 08
긴급상황 및 질병

35. 병원 예약
36. 병원
37. 약국
38. 경찰서
39. 길 잃었을 때

산 파우 병원 Hospital de Sant Pau

바르셀로나에 위치한 병원으로, 카탈루냐의 아르 두보 건축양식을 가장 잘 보여주는 건축물 중 하나다. 가우디의 영향을 받은 루이스 도메네크 몬타네르가 설계했고, 아들이 건물을 완성했다. 병원이라는 것이 믿기지 않을 정도로 아름다워 바르셀로나 관광명소로도 빼놓을 수 없다.

35. Reservar hora en la clínica

병원 예약

대화

          꼰술따   델 독또르   까마론   부에나스 따르데스
          디가메

Recepcionista: Consulta del Dr. Camarón, buenas tardes. ¿Dígame?
까마론 박사님 진료실입니다. 안녕하세요. 여보세요?

       야모   빠라 뻬디르 오라 빠라 우나 꼰술따

Paciente: Llamo para pedir hora para una consulta.
진료 시간 요청할려고 전화했는데요.

          께 쁘로블레마 띠에네

Recepcionista: ¿Qué problema tiene?
어떤 문제가 있나요?

          뗑고 돌로르 데 꾸에요

Paciente: Tengo dolor de cuello.
목에 통증이 있어요.

     레 비에네 비엔   마냐나 아 라스 씽꼬

Recepcionista: ¿Le viene bien mañana a las cinco?
내일 5시 괜찮으세요?

      노 뿌에데 세르 안떼스

Paciente: ¿No puede ser antes?
전에는 안 되나요?

Recepcionista: ¿A qué hora le va mejor?
아 께 오라 레 바 메호르
몇 시가 더 괜찮으세요?

Paciente: Me viene mejor por la mañana.
메 비에네 메호르 뽀르 라 마냐나
오전이 더 좋아요.

Recepcionista: ¿Qué le parece a las diez, entonces?
께 레 빠레쎄 아 라스 디에쓰 엔똔쎄스
그러면 10시는 어떠세요?

Paciente: Me parece perfecto.
메 빠레쎄 뻬르펙또
아주 좋습니다.

Recepcionista: Dígame su nombre, por favor.
디가메 수 놈브레 뽀르 파보르
성함 말씀해 주세요.

Paciente: Alejandro González.
알레한드로 곤쌀레쓰
알레한드로 곤살레스입니다.

어휘

el paciente 빠씨엔떼 환자   la hora 오라 시간   la consulta 꼰술따 진료실, 의원
llamar 야마르 전화하다   para 빠라 ~하기 위하여   pedir 뻬디르 요구하다
el problema 쁘로블레마 문제   el dolor 돌로르 통증   el cuello 꾸에요 목
mañana 마냐나 내일, 오전, 아침   antes 안떼스 전에   mejor 메호르 더 좋은
me 메 나에게   le 레 당신에게   parecer 빠레쎄르 ~할 것 같다
perfecto 뻬르펙또 완벽한, 아주 좋은   decir 데씨르 말하다
el nombre 놈브레 이름

냉냉 여행 TIP

스페인은 의료보험제도가 잘 되어 있어 소득에 따른 세금만 납부하면 대부분의 의료서비스를 무료로 제공받을 수 있다. 공립병원은 대기자 명단에서 기다림의 불편을 겪을 수 있기 때문에 사보험에 가입하여 추가부담금을 지불하면 사립병원의 의료서비스를 받을 수 있다. 사보험은 대기시간이 적고 빠른 진료가 보장되므로 스페인 중상층의 상당수가 이용하고 있다. 스페인의 한국 유학생들도 혹시 모를 질병에 대비하여 연간 보험료를 지불하고 사보험에 많이 들고 있다. 사보험 회사로는 Sanitas, Mapfre, Axa 등이 있다.

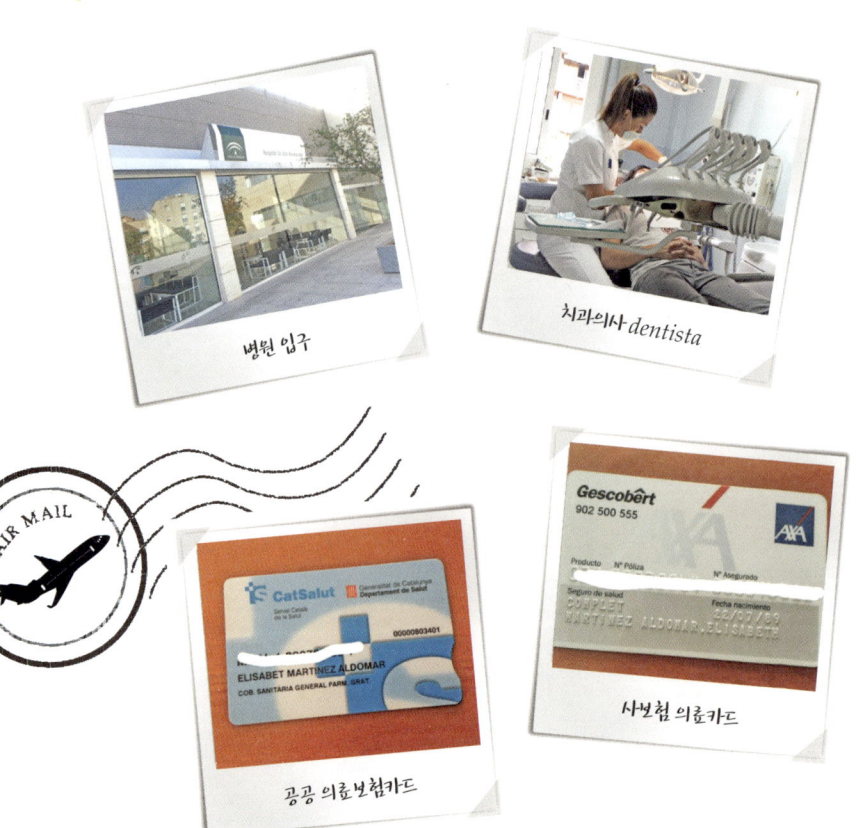

병원 입구

치과의사 dentista

공공 의료보험카드

사보험 의료카드

- ¿Dígame? 여보세요?

  ¿Sí? 네?

- Llamo para pedir hora para una consulta. 진료 시간 요청하려고 전화했어요.

  〈Llamo para + 동사원형〉은 "~하기 위해 전화했어요"라는 회화 표현.

  Llamo para pedir hora para una cita. 진료 약속 시간 잡을려고 전화했어요.

  Llamo para hacer una reserva. 예약하려고 전화했어요.

- Tengo dolor de cuello. 목에 통증이 있어요.

  〈Tengo dolor de + 신체부위〉는 "제가 ~에 통증이 있어요"라는 의미의 표현.

  Tengo dolor de cabeza. 두통이 있어요.

  Tengo dolor de estómago. 복통이 있어요.

  Tengo dolores menstruales. 생리통이 있어요.

- ¿Le viene bien mañana a las cinco? 내일 5시 괜찮아요?

  〈¿Le/Te viene bien + 시간?〉는 "~가 괜찮습니까?"라는 의미의 표현.

  ¿Te viene bien mañana a las ocho? 내일 8시 괜찮아요?(tú: 너)

  Me viene muy bien. 전 아주 좋아요.

  Me viene mejor a las seis. 전 6시가 더 좋아요.

- ¿Qué te parece a las diez? 10시가 어때요?

  〈¿Qué te parece + 시간?〉은 "~가 어때요?"라는 의미의 표현.

  ¿Qué te parece mañana a las nueve? 내일 9시 어떠세요?

  Me parece perfecto. 전 완전 좋습니다.

어휘_병원

- 내과의사 — el(la) internista — 인떼르니스따
- 외과의사 — el(la) cirujano(a) — 씨루하노(나)
- 치과의사 — el(la) dentista — 덴띠스따
- 정신과 의사 — el(la) psiquiatra — 씨끼아뜨라
- 산부인과 의사 — el(la) ginecólogo(a) — 히네꼴로고(가)
- 수의사 — el(la) veterinario(a) — 베떼리나리오(라)
- 소아과 의사 — el(la) pediatra — 뻬디아뜨라
- 피부과 의사 — el(la) dematólogo — 데마똘로고(가)
- 주치의 — el médico de cabecera — 메디꼬 데 까베세라
- 진찰 — la consulta — 꼰술따
- 처방전 — la receta — 레쎄따
- 체온계 — el termómetro — 떼르모메뜨로
- 주사 — la inyección — 인옉씨온
- 혈액 — la sangre — 상그레
- 엑스레이 사진 — la radiografía — 라디오그라피아
- 진단 — el diagnóstico — 디아그노스띠꼬
- 응급실 — las urgencias — 우르헨씨아스
- 앰뷸런스 — la ambulancia — 암불란씨아
- 혈압 — la tensión — 뗀시온
- 의료보험 — el seguro médico — 세구로 메디꼬
- 수술실 — la sala de operaciones — 살라 데 오뻬라씨오네스
- 병실 — la habitación del hospital de un enfermo
  아비따씨온 델 오스삐딸 데 운 엔페르모

¡스페인이 궁금해요!

중남미 스페인어

스페인의 카스티야어(Castellano 까스떼야노)와 중남미 각지에서 사용되는 스페인어는 발음이나 어휘, 문법 등에서도 많은 차이점을 가지고 있다. 중남미에서는 "c" 나 "z"를 "s"와 동일하게 발음하며 "s"를 발음하지 않는 경향이 있다. 예를 들어 "las mujeres" 라스 무헤레스를 "la mujere" 라 무헤레로 발음한다. 중남미에서는 "vosotros"(너희들)를 사용하지 않는 대신 "ustedes"(당신들)를, 아르헨티나에서는 "tú"(너) 대신에 "vos"라는 호칭을 사용한다. 스페인의 카스티야어는 저음의 남성적이며 공격적인 억양을, 중남미 스페인어는 여성적이며 리듬을 타고 다정한 억양을 사용한다.

발음, 문법, 억양, 어휘적 차이는 문학 등의 교양어에서는 그 차이가 아주 적고 대부분 구어체에서 나타난다. 서로 다른 어휘나 억양 등을 사용하지만 의사소통에는 거의 지장이 없다. 어휘상의 의미적 차이는 두드러지게 나타나므로 이해를 돕기 위해 다음 표에 멕시코에서 사용되는 어휘와 스페인에서 사용되는 어휘를 비교해 보았다.

	스페인 카스티야어	멕시코 스페인어
아파트	piso 삐소	departamento 데빠르따멘또
자동차	coche 꼬체	carro 까로
볼펜	bolígrafo 볼리그라포	pluma 쁠루마
주스	zumo 쑤모	jugo 후고
표	billete 비예떼	boleto 볼레또
지하철	metro 메뜨로	subterráneo 숩떼라네오
냉장고	frigorífico 프리고리피꼬	refrigerador 레프리헤라도르
스웨터	jersey 헤르세이	suéter 수에떼르
수영장	piscina 삐씨나	alberca 알베르까
복숭아	melocotón 멜로꼬똔	durazno 두라쓰노
여보세요?	¿Diga? 디가	¿Bueno? 부에노

36. En el hospital

병원

대화

Doctor: Pase y siéntese.
빠세 이 시엔떼세
들어오셔서 앉으세요.

Paciente: Gracias.
그라씨아스
감사합니다.

Doctor: Dígame, ¿cómo se encuentra hoy?
디가메 꼬모 세 엔꾸엔뜨라 오이
말씀하세요. 오늘 컨디션이 어떠세요?

Paciente: Tengo una tos muy fuerte y me duele la garganta.
뗑고 우나 또스 무이 푸에르떼 이 메 두엘레 라 가르간따
기침이 심하고 목이 아파요.

Doctor: ¿Y le duele la cabeza también?
이 레 두엘레 라 까베싸 땀비엔
머리도 아파요?

Paciente: Sí, tengo mucho dolor de cabeza.
씨 뗑고 무초 돌로르 데 까베싸
네, 두통이 심해요.

Doctor: ¿Tiene fiebre?
띠에네 피에브레
열이 나요?

Paciente: Sí, y también me duele todo el cuerpo.
네, 또 몸 전체가 아파요.

Doctor: ¿Cuánto tiempo hace que le duele?
아프신지는 얼마나 되었어요?

Paciente: Llevo casi dos o tres días así.
거의 2~3일 되었어요.

Doctor: Usted tiene un resfriado. Tome esta receta y vaya a la farmacia.
감기에 걸리셨어요. 이 처방전 받으시고 약국으로 가세요.

Paciente: De acuerdo. Gracias, doctor.
알겠습니다. 감사합니다, 선생님.

어휘

pasar 빠사르 통과하다, 지나가다   sentarse 센따르세 앉다   decir 데씨르 말하다
encontrarse 엔꼰뜨라르세 ~상태에 있다   hoy 오이 오늘   la tos 또스 기침
fuerte 푸에르떼 강한, 센   doler 돌레르 아프다   la garganta 가르간따 목구멍
la cabeza 까베싸 머리   el dolor 돌로르 통증   la fiebre 피에브레 열
todo 또도 모든   el cuerpo 꾸에르뽀   casi 까시 거의
el resfriado 레스프리아도 감기   tomar 또마르 받다   la receta 레쎄따 처방전
la farmacia 파르마씨아 약국   el acuerdo 아꾸에르도 동의

생생 여행 TIP

건강 검진 등을 위해서는 따로 예약이 필요하지만 감기 등의 진료를 위해서는 예약 없이 개인 병원을 방문할 수 있다. 긴급한 경우에는 24시간 그리고 주말에도 개방되어 있는 응급실(Urgencias 우르헨시아스)을 찾으면 된다. 혹은 단순 감기나 가벼운 통증이 있을 경우에는 가까운 보건소(CAP, Centro de Atención Primaria) 등에서도 진료를 받을 수 있다. 가벼운 감기 증세가 있을 시에는 약국에서 시럽(jarabe) 등의 감기약을 처방 받을 수 있다.

스페인 의사들

병원 응급실 Urgencias

구급차 112 (Ambulancia)

- ¿Cómo se encuentra hoy? 오늘 컨디션이 어때요?
  〈encontrarse + 형용사,부사〉는 "컨디션이 ~하다"는 의미의 표현.
  ¿Cómo te encuentras hoy? 넌 오늘 컨디션이 어때?
  Yo me encuentro muy mal. 난 컨디션이 아주 나빠.

- Me duele la garganta. 목이 아파요.
  〈Me duele + 단수명사〉과 〈Me duelen + 복수명사〉는 "~가 아프다"의 표현.
  Me duele el estómago. 배가 아파요.
  Me duele la cabeza. 머리가 아파요.

- ¿Cuánto tiempo hace que le duele? 아픈지 얼마나 되었어요?
  〈¿Cuánto tiempo hace que ~?〉는 "~한 지 얼마나 되었나요?"라는 의미.
  ¿Cuánto tiempo hace que tienes dolor? 통증이 있은지 얼마나 되었어요?
  Hace tres días que me duele. 아픈지 3일 되었어요.

- Tengo mucho dolor de cabeza. 두통이 심해요.
  〈Tengo dolor de ~〉는 "~의 통증이 있어요"라는 표현.
  Tengo dolor de estómago. 복통이 있어요.
  Tengo dolor de dientes. 치통이 있어요.

- Llevo casi dos o tres días. 거의 2~3일 되었어요.
  〈Llevo + 시간〉은 "내가~한 지 얼마가 되다"의 표현.
  Llevo una semana. 1주일 되었어요.
  Llevo un año. 1년 되었어요.

어휘_증상

- 통증   el dolor   돌로르
- 두통   el dolor de cabeza   돌로르 데 까베싸
- 치통   el dolor de muelas   돌로르 데 무엘라스
- 요통   el dolor de espalda   돌로르 데 에스빨다
- 복통   el dolor de estómago   돌로르 데 에스또마고
- 생리통   el dolor de obvarios   돌로르 데 오바리오스
- 열   la fiebre   피에브레
- 기침   la tos   또스
- 재채기   el estornudo   에스또르누도
- 몸살, 오한   el escalofrío   에스깔로프리오
- 콧물   los mocos   모꼬스
- 코막힘   la congestión nasal   꼰헤스띠온 나살
- 감기   la gripe   그리뻬
- 알레르기   la alergia   알레르히아
- 설사   la diarrea   디아레아
- 구토   el vómito   보미또
- 메스꺼움   la náusea   나우세아
- 멀미   el mareo   마레오
- 염증   la inflamación   인플라마씨온
- 소화불량   la indigestión   인디헤스띠온
- 탈수증   la deshidratación   데스이드라따씨온
- 일사병   la insolación   인솔라씨온
- 심장발작   el ataque cardíaco   아따께 까르디아꼬
- 임신중인   embarazada   엠바라싸다
- 생리   la regla, el periodo   레글라, 뻬리오도

¡스페인이 궁금해요!

스펭글리쉬 Spanglish

스페인어와 영어가 서로 접촉하면서 영어가 스페인어에 영향을 주어 영어와 비슷한 스페인어 어휘가 중남미 등지에서 많이 쓰인다. 특히 히스패닉이 많이 거주하는 플로리다, 캘리포니아, 텍사스 등의 미국남부지역, 멕시코, 푸에르토 리코 등의 나라에서 많이 발견된다. 헐리우드 영화를 보면 히스패닉 사람들이 많이 등장하고 스펭글리쉬로 대화하는 장면을 자주 볼 수 있다. 푸에르토 리코에서는 "Luego te llamo"(다음에 전화할게)라고 말하는 대신에 영어의 "I'll call you back"에서 영향을 받아 "Te llamo p'atrás"라고 말한다. 스펭글리쉬는 구어체로 스페인 왕립 한림원(Real Academia Española)에 등재되어 있지 않다. 다음과 같은 단어나 문장들이 그 예이다.

- hacer el puenting 아쎄르 엘 뿌엔띵 번지점프하다
- hacer el networking 아쎄르 엘 네뜨워킹 인적네트워크 만들다
- hacer el footing 아쎄르 엘 푸띵 조깅하다
- hacer el tránsfer 아쎄르 엘 뜨란스페르 갈아타다
- parquear 빠르께아르 주차하다
- surfear 수르페아르 서핑하다
- marqueta 마르께따 시장
- agriar 아그리아르 동의하다
- chopear 초뻬아르 쇼핑하다
- enjoyar 엔호이아르 즐기다
- vacunear la carpeta 바꾸네아르 라 까르뻬따 카펫을 진공청소하다
- unamoretime 우나모어타임 한번 더
- poner un "ticket" 뽀네르 운 띠껫 벌금을 물다
- Vamos a tomar un "break" 바모스 아 또마르 운 브레이크 잠시 쉬어요
- Dame un "ride" 다메 운 라이드 태워주세요
- chansa 찬사 기회

37. En la farmacia

약국

대화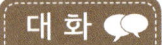

Farmacéutica: ¡Buenos días! ¿Está usted atendido?
부에노스 디아스 에스따 우스뗄 아뗀디도
약사: 안녕하세요! 직원의 응대를 받으셨나요?

Cliente: Hola. No, es que tengo mucha fiebre y me duele la garganta.
올라 노 에스 께 뗑고 무차 피에브레 이 메 두엘레 라 가르간따
고객: 안녕하세요. 아니오, 제가 열이 많이 나고 목이 아파요.

¿Puede recomendarme algún medicamento?
뿌에데 레꼬멘다르메 알군 메디까멘또
어떤 약 좀 추천해 주시겠어요?

Farmacéutica: Sí, desde luego. Tome este jarabe. Es muy eficaz.
씨 데스데 루에고 또메 에스떼 하라베 에스 무이 에피까쓰
네, 물론이죠. 이 시럽을 드세요. 아주 효과적입니다.

Cliente: ¿Cuántas veces al día tengo que tomármelo?
꾸안따스 베쎄스 알 디아 뗑고 께 또마르메로
하루에 몇 번 먹어야 합니까?

Farmacéutica: Tiene que tomar dos cucharadas tres veces al día.
띠에네 께 또마르 도스 꾸차라다스 뜨레스 베쎄스 알 디아
하루에 세 번 두 숟가락 드셔야 합니다.

무이 비엔 메 로 예보
Cliente: Muy bien, me lo llevo.
잘 알겠습니다. 이걸로 할게요.

아끼 띠에네 네쎄시따 알고 마스
Farmacéutica: Aquí tiene. ¿Necesita algo más?
여기 있습니다. 다른 거 필요한 거 있으세요?

뿌에스 우나 까하 데 띠리따스 뽀르 파보르
Cliente: Pues... una caja de tiritas, por favor.
음... 밴드 한 상자 주세요.

꼬모 라 끼에레 데 베인떼 오 데 씽꾸엔따
Farmacéutica: ¿Cómo la quiere, de veinte o de cincuenta?
20개 혹은 50개 짜리 중에서 어떤 것을 원하세요?

데 베인떼 뽀르 파보르
Cliente: De veinte, por favor.
20개 짜리로 주세요.

아끼 띠에네
Farmacéutica: Aquí tiene.
여기 있습니다.

어휘

atender 아텐데르 고객을 응대하다   la fiebre 피에브레 열

la garganta 가르간따 목구멍   recomendar 레꼬멘다르 추천하다

algún 알군 어떤   el medicamento 메디까멘또 약   el jarabe 하라베 시럽, 물약

eficaz 에피까쓰 효과적인, 효능있는   este 에스떼 이, 이것

la cucharada 꾸차라다 한 숟가락   vez 베쓰 번   el día 디아 날

llevarse 예바르세 가지고 가다   necesitar 네쎄시따르 필요하다

la caja 까하 상자   la tirita 띠리따 반창고

생생 여행 TIP

의사의 처방전이 없으면 약국에서 약을 구입할 수 없으나 간단한 감기약이나 아스피린 정도는 구입할 수 있다. 하지만 위장약, 설사약, 두통약 등의 상비약 정도는 한국에서 챙겨오는 게 좋다.

스페인에서 위생상태가 좋지 않은 호텔이나 펜시온 같은 곳에서는 베드버그(chinches de cama 친체스 데 까마)가 나올 수 있으니 조심해야 한다. 베드버그에 물리면 극한 가려움증이 찾아온다. 모든 옷과 천 종류들을 세탁 및 일광건조 후 약국에 가서 환부를 보여주고 연고 등을 구입하거나 심한 경우는 병원에서 처방전을 받은 뒤에 전문약품을 구입하는 것이 좋다.

네세시또 알고 빠라 엘 삐꼬르 데 친체스 데 까마, 뽀르 파보르
Necesito algo para el picor de chinches de cama, por favor.
베드버그 물린데 바르는 약이 필요합니다.

바드리드 약국

바르셀로나 약국

스페인 구급약들

- ¿Está usted atendido? 당신은 직원의 응대를 받으셨나요?

  ¿Estás atendido? 직원의 응대 받으셨어요?(tú: 너)

  ¿Le atiendo? 제가 응대해 드릴까요?

- ¿Puede recomendarme algún medicamento? 어떤 약을 추천해 주실 수 있나요?

  〈¿Puede recomendarme ~?〉는 "저에게 뭐 좀 추천해 줄 수 있어요?"를 의미.

  ¿Puede recomendarme algún libro? 어떤 책 좀 추천해 주실 수 있어요?

  ¿Puede recomendarme alguna película? 어떤 영화 좀 추천해 주실 수 있어요?

- Desde luego. 물론이죠.

  Claro. 물론입니다.

  Por supuesto. 물론입니다.

- Tiene que tomar dos cucharadas tres veces al día. 하루에 세 번 두 숟가락 드셔야 해요.

  Debería tomar una cucharada dos veces al día. 하루에 한 숟가락씩 두 번 드셔야 합니다.

  Hay que tomar tres cucharadas una vez al día. 하루에 세 숟가락씩 한 번 드셔야 합니다.

- Me lo llevo. 살게요.

  〈Me llevo + 물건〉은 "~을 살게요"라는 표현.

  Me llevo este libro. 이 책을 살게요.

  Me llevo esta chaqueta. 이 재킷을 살게요.

어휘_약

- 약　　　　　　el medicamento　　　메디까멘또
- 알약　　　　　la pastilla　　　　　빠스띠야
- 캡슐　　　　　la tableta　　　　　따블레따
- 아스피린　　　la aspirina　　　　　아스삐리나
- 항생제　　　　el antibiótico　　　　안띠비오띠꼬
- 물약　　　　　el jarabe　　　　　하라베
- 진통제　　　　el analgésico　　　　아날헤시꼬
- 설사약　　　　el antidiarréico　　　안띠디아레이꼬
- 피임약　　　　la píldora anticonceptiva
　　　　　　　삘도라 안띠꼰쎕띠바
- 연고　　　　　la pomada　　　　　뽀마다
- 모기물린데 바르는 약　　el repelente　　레뻴렌떼
- 소화약　　　　el digestivo　　　　디헤스띠보
- 위장약　　　　el medicamento gastrointestinal
　　　　　　　메디까멘또 가스뜨로인떼스띠날
- 항히스타민제 (알레르기 치료제)　　el antihistamínico　　안띠이스따미니꼬
- 생리대　　　　la compresa　　　　꼼쁘레사
- 일회용밴드　　la tirita　　　　　　띠리따
- 복용량　　　　la dosis　　　　　　도시스
- 비타민　　　　la vitamina　　　　비따미나
- 파스　　　　　el parche de calor　빠르체 데 깔로르
- 수면제　　　　las pastillas para dormir
　　　　　　　빠스띠야스 빠라 도르미르
- 붕대　　　　　la venda　　　　　　벤다
- 구급약 상자　　el botiquín　　　　　보띠낀

¡스페인이 궁금해요!

스페인의 결혼식

대부분의 스페인 사람들은 교회를 통하여 미사를 동반한 결혼식을 올린다. 요즘은 교회가 아닌 civil 시빌(시청을 통한 결혼식)로 예식을 많이 하는 편이다. 결혼식장을 나올 때는 신랑신부는 쌀과 꽃가루 세례를 받게 되는데 이는 다산과 복을 기원한다는 의미에서 유래되었다고 한다. 피로연에서는 신랑신부는 남자 하객들에게는 여송연 담배나 와인을 선물하고 여자 하객들에게는 조그만 선물을 건네준다. 이러한 피로연은 신랑 신부의 왈츠로 시작하여 밤새도록 축제로 이어진다. 1시간 이내에 예식을 마치는 우리의 결혼식 문화와는 사뭇 다르다.

Ni blanco ni negro 니 블랑꼬 니 네그로라는 규칙이 있는데 결혼식에 초대받은 사람은 흰색이나 검정색 옷을 입으면 안 된다는 의미이다. 스페인에서는 우리나라처럼 웨딩 촬영을 결혼 전에 미리 하지 않는데 그 이유는 신랑이 결혼식 전에 신부의 웨딩 드레스를 미리 보면 운이 나쁘다고 믿는 속설이 있기 때문이다. 신랑신부의 친구들은 신랑신부가 필요한 물품 리스트에서 하나를 골라서 선물하는 것이 전통이지만 요즘은 우리나라처럼 축의금을 주기도 한다.

38. En la policía

경찰서

대화

La turista: Vengo a denunciar un robo.
벵고 아 데눈씨아르 운 로보
도난 신고를 하러 왔습니다.

El policía: ¿Qué se le ha perdido?
께 세 레 아 뻬르디도
무엇을 잃어버리셨습니까?

La turista: Se me ha perdido la mochila.
세 메 아 뻬르디도 라 모칠라
배낭을 잃어 버렸어요.

El policía: ¿Cómo ha ocurrido?
꼬모 아 오꾸리도
어떻게 발생했나요?

La turista: Me la han robado en la calle.
메 라 안 로바도 엔 라 까예
길거리에서 도난 당했습니다.

El policía: ¿Qué llevaba dentro de la mochila?
께 예바바 덴뜨로 데 라 모칠라
가방에는 무슨 물건이 들어있었나요?

La turista: Una cámara, el pasaporte y la cartera.
우나 까마라 엘 빠사뽀르떼 이 라 까르떼라
카메라 한 개와 여권 그리고 지갑이 들어 있습니다.

빠라 뜨라미따르 라 데눈씨아 띠에네 께 레예나르 에스떼
포르물라리오

El policía: Para tramitar la denuncia tiene que rellenar este formulario.
도난 신고 처리를 하기 위해 여기 이 양식을 작성하셔야 합니다.

데 아꾸에르도

La turista: De acuerdo.
알겠습니다.

어휘

venir 베니르 오다   denunciar 데눈씨아르 신고, 고발하다

la denuncia 데눈씨아 신고,고발   el robo 로보 도난   perder 뻬르데르 잃다

la mochila 모칠라 배낭   cómo 꼬모 어떻게

ocurrir 오꾸리르 일어나다, 발생하다   robar 로바르 훔치다

la calle 까예 거리   dentro 덴뜨로 안에   llevar 예바르 지니고 있다

la cámara 까마라 카메라   el pasaporte 빠사뽀르떼 여권

la cartera 까르떼라 지갑   tramitar 뜨라미따르 수속을 밟다, 처리하다

rellenar 레예나르 기입하다,작성하다   el formulario 포르물라리오 양식

긴급상황 및 질병 **269**

생생 여행 TIP

스페인에서의 치안 상태는 대체로 안전한 편이나 관광객을 상대로 소매치기가 자주 발생하여 여권, 지갑 또는 핸드폰 등을 도난 당하는 경우가 늘어나고 있다. 스페인 현지의 경제적 어려움뿐만 아니라 EU통합 이후 외국인들의 유입이 쉬워져 마피아들이 많이 넘어오고 있다고 한다. 사람이 붐비는 거리나, 기차역, 해변, 지하철 등지에서 특히 도난 사고가 많이 일어난다. 동양인 여성들이 소매치기의 표적이 되기 쉬우므로 귀중품 등은 숙소에 두고 가방은 꼭 앞으로 메고 다니는 것이 좋다. 지도는 길거리가 아닌 카페나 레스토랑 안에서 확인해야 한다. 지하철이나 시내에서 짧은 반바지나 미니스커트를 입고 돌아다니는 것은 피하는 것이 좋다. 식당에서는 가방을 의자 옆에 두거나 걸어두면 안 된다. 친절을 베풀거나 구걸하면서 접근하는 사람들이나 그룹소매치기단 혹은 신분증을 요구하는 가짜 경찰 등을 조심해야 한다. 차표 등을 구매하면서 지갑을 꺼낼 때 도난사고가 많이 일어나므로 여행 전에 미리 여행객 승차권(abono turístico)을 사전 구매하여 준비해 두는 게 가장 안전하다. 도난 등의 긴급한 상황에 처해지면 경찰을 부르거나 주변에 도움을 요청해야 한다.

경찰차

스페인 경찰

- Vengo a denunciar un robo. 도난 신고를 하러 왔습니다.
  Quiero hacer una denuncia de robo. 도난 신고를 하고 싶습니다.

- Se me ha perdido la mochila. 배낭을 잃어 버렸어요.
  Se me ha perdido el pasaporte. 여권을 잃어 버렸어요.
  Se me ha perdido el móvil. 핸드폰을 잃어 버렸어요.

- ¿Cómo ha ocurrido? 어떻게 발생했나요?
  ¿Cómo ocurrió? 어떻게 발생했나요?
  ¿Dónde ocurrió? 어디서 발생했나요?
  ¿Cuándo ocurrió? 언제 발생했나요?

- Me han robado en la calle. 길거리에서 도난당했습니다.
  Me han robado la cartera en el metro. 지하철에서 지갑을 도둑맞았어요.
  Me han robado el bolso en el autobús. 버스에서 핸드백을 도둑맞았어요.

- Llevaba una cámara, el pasaporte y la cartera. 카메라, 여권 그리고 지갑이 들어있었어요.
  Llevaba 100 euros en mi cartera. 지갑에 100유로가 들어 있었어요.

📚 어휘 _도난, 신고

- 분실물 센터　　el centro de objetos perdidos
　　　　　　　　쎈뜨로 데 오브헤또스 뻬르디도스
- 핸드백　　　　el bolso　　　　　　볼소
- 가방　　　　　la bolsa　　　　　　볼사
- 경찰서　　　　la comisaría　　　　꼬미사리아
- 경찰　　　　　la policía　　　　　뽈리씨아
- 도둑　　　　　el ladrón　　　　　라드론
- 소매치기　　　el ratero　　　　　라떼로
- 강도　　　　　el bandido　　　　반디도
- 사기꾼　　　　el estafador　　　　에스따파도르
- 한국 대사관　　la Embajada de Corea del Sur
　　　　　　　　엠바하다 데 꼬레아 델 수르
- 도둑질　　　　el robo　　　　　　로보

■ 물건을 분실했을 때
세 메 아 뻬르디도 엘 모빌
Se me ha perdido el móvil.
핸드폰을 잃어버렸어요.

세 메 아 뻬르디도 엘 빠사뽀르떼
Se me ha perdido el pasaporte.
여권을 분실했어요.

■ 도움을 요청할 때
¡Ayúdeme! 아유다메 도와주세요!
¡Socorro! 소꼬로 사람 살려!
¡Es un ladrón!
에스 운 라드론 도둑이야!
¡Llame a la policía!
야메 아 라 뽈리시아 경찰 불러요!
¡Es urgente!
에스 우르헨떼 긴급해요!

■ 도난 당했을 때
메 안 로바도 엘 볼소
Me han robado el bolso.
가방을 도난당했어요.

메 안 로바도 라 까마라
Me han robado la cámara.
카메라를 도난당했어요.

■ 긴급 연락처
Policía Nacional(국립경찰): 091

Policía Municipal(시경):092

Guardia Civil(군경):062

Bomberos(소방서): 080

Emergencias(위급 상황): 112

Ambulancia(앰뷸런스): 061

¡스페인이 궁금해요!

스페인의 욕

스페인어로 욕을 palabrota 빨라브로따 혹은 taco 따꼬라고 한다. 스페인어는 연인 사이에서 쓰면 세상에서 가장 낭만적인 언어가 될 수도 있지만 스페인 욕만큼 상대방을 공격할 수 있는 언어도 없을 것이다. 욕은 두 가지로 나눌 수 있는데 평소에 뉘앙스의 강조를 하기 위해 혼잣말로 할 수 있는 욕이 있고, 고의로 상대방을 공격하고자 쓰는 욕이 있다. 문어체에서는 이러한 욕을 발견하긴 어렵지만 스페인 사람들은 일상 생활에서 혹은 영화나 드라마 등에서는 아주 쉽게 접할 수 있기 때문에 알아두는 것도 도움이 될 것이다. 단 상대를 모욕할 때 쓰는 욕은 사용시 주의를 요한다. 아래 표에 모욕의 수위가 낮은 것부터 높은 순서대로 기록해 놓았다. ★표시를 한 욕설은 상대에게 아주 강한 모욕감을 줄 수도 있으니 사용시 많은 주의를 요한다.

Énfasis (강조)	Insulto (모욕)
1. ¡Jolín! 홀린 제길!	1. Eres tonto(a). 에레스 똔또/똔따 넌 바보야.
2. ¡Maldita sea! 말디따 세아 망할, 빌어먹을!	2. Estás loco(a). 에스따스 로꼬/로까 미쳤군.
3. ¡Mierda! 미에르다 개떡 같으니!	3. ¡Cállate! 까야떼 입다물어! 조용히 해!
4. ¡Hostia! 오스띠아 빌어먹을! 우라질!	4. ¡No seas coñazo! 노 세아스 꼬냐쏘 귀찮게 하지마! 짜증나!
5. ¡Joder! 호데르 빌어먹을!	5. ★¡Vete a la mierda! 베떼 아 라 미에르다 꺼져!
6. ¡No jodas! 노 호다스 장난 아니군!	6. ★Gilipollas. 힐리뽀야스 머저리, 병신!
7. ¡Coño! 꼬뇨 우라질! 제기랄!	7. ★¡Qué cabrón(cabrona)! 께 까브론/까브로나 (cabrón 사생아)
8. ★¡Me cago en la puta! 메 까고 엔 라 뿌따 (cagarse 똥누다, puta 매춘부: 일이 잘 안 풀릴 때 쓰는 혼잣말)	8. ¡Hijo de puta! 이호 데 뿌따(hijo 아들, puta 매춘부)

39. En la calle

거리(길 잃었을 때)

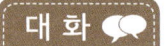

Sara: 디스꿀뻬 에스또이 뻬르디다 메 뿌에데 아유다르
Disculpe, estoy perdida. ¿Me puede ayudar?
실례합니다, 제가 길을 잃었어요. 저를 도와줄 수 있어요?

Señor: 뽀르 수뿌에스또 아 돈데 끼에레 이르
Por supuesto. ¿A dónde quiere ir?
물론이죠. 어디를 가시고 싶으세요?

Sara: 에스또이 부스깐도 엘 무세오 델 쁘라도
Estoy buscando el Museo del Prado.
프라도 미술관을 찾고 있어요.

Señor: 시가 또도 렉또 아스따 라 쁠라싸 이 데스뿌에스 히레 아 라 데레차
Siga todo recto hasta la plaza y después gire a la derecha.
광장까지 직진한 다음 오른쪽으로 도세요.

Sara: 꾸안또 띠엠뽀 세 따르다 안단도
¿Cuánto tiempo se tarda andando?
걸어서 얼마나 걸려요?

Señor: 세 따르단 우노스 뜨레인따 미누또스 엘 무세오 에스따 엔 라 까예 루이쓰 데 알라르꼰
Se tardan unos treinta minutos. El museo está en la calle Ruiz de Alarcón.
약 30분 걸립니다. 미술관은 루이스 데 알라르콘 거리에 있어요.

Sara: ¿Y dónde puedo encontrar una oficina de correos?
이 돈데 뿌에도 엔꼰뜨라르 우나 오피씨나 데 꼬레오스
그리고 우체국은 어디서 찾을 수 있나요?

Señor: Hay una oficina de correos al lado del museo.
아이 우나 오피씨나 데 꼬레오스 알 라도 델 무세오
미술관 옆에 우체국 하나 있어요.

Sara: ¿Necesito coger el autobús?
네쎄시또 꼬헤르 엘 아우또부스
버스를 탈 필요가 있나요?

Señor: Sí, coja el autobús y bájese en la estación de Atocha.
씨 꼬하 엘 아우또부스 이 바헤세 엔 라 에스따씨온 데 아또차
네, 버스타고 아토차 역에 내리세요.

La oficina de correos está a dos cuadras.
라 오피씨나 데 꼬레오스 에스따 아 도스 꾸아드라스
우체국은 두 블록 다음에 있어요.

어휘

disculpar 디스꿀빠르 용서하다 perdido(a) 뻬르디도 길 잃은
el museo 무세오 박물관, 미술관 seguir 세기르 계속하다 todo 또도 완전히
recto 렉또 똑바로 hasta 아스따 ~까지 la plaza 쁠라싸 광장
después 데스뿌에스 후에 girar 히라르 돌다 la derecha 데레차 오른쪽
cuánto 꾸안또 얼마나 많은 el tiempo 띠엠뽀 시간
tardarse 따르다르세 ~시간이 걸리다 andar 안다르 걷다
encontrar 엔꼰뜨라르 발견하다 la oficina 오피씨나 사무실
Correos 꼬레오스 우체국 el lado 라도 옆 necesitar 네쎄시따르 필요하다
coger 꼬헤르 잡다, 타다 el autobús 아우또부스 버스 bajarse 바하르세 내리다
la estación 에스따씨온 역 la cuadra 꾸아드라 블록, 구역

냉냉 여행 TIP

스페인 사람들은 친절한 나머지 길을 물으면 잘 모르면서도 가르쳐주는 경우도 있으니 반드시 여러 사람에게 물어보는 것이 좋다.

마드리드의 주요 3대 미술관인 프라도 미술관, 레이나 소피아 미술관, 티센 보르네미사 미술관을 방문하려면 미술관 투어 티켓(Paseo del Arte 빠세오 델 아르떼)을 구입하는 게 저렴할 수 있다. 각 박물관은 시즌, 요일에 따라 무료 관람할 수 있으니 관광안내소에서 확인해 보는 것이 좋다. 프라도 미술관은 특정 날짜나 요일에 상관없이 매일 2시간씩 무료 입장이 가능하다.

프라도 미술관

레이나 소피아 미술관

프라도 미술관 입장권

사그라다 파밀리아 대성당 입장권

- Disculpe, estoy perdida. 실례합니다만, 제가 길을 잃었습니다.
  Perdone, estoy perdida. 실례합니다만, 제가 길을 잃었습니다.

- Estoy buscando el Museo Reina Sofía. 레이나 소피아 미술관을 찾고 있어요.
  Busco la calle Almerada. 알메라다 거리를 찾습니다.

- Siga todo recto y gire a la izquierda. 똑바로 직진하셔서 왼쪽으로 도세요.
  Siga todo recto y gire a la derecha. 직진하셔서 오른쪽으로 도세요.

- ¿Cuánto tiempo se tarda andando? 걸어서 얼마나 걸리나요?
  〈¿Cuánto tiempo se tarda ~?〉는 "~하는데 얼마나 걸리나요?"라는 표현.
  ¿Cuánto tiempo se tarda en metro? 지하철로 얼마나 걸려요?
  ¿Cuánto tiempo se tarda para llegar al teatro? 극장까지 도착하는데 얼마나 걸려요?

- Se tardan unos quince minutos. 약 15분 걸립니다.
  숫자 앞의 unos, unas, aproximadamente, más o menos 는 "약, 대략"의 의미.
  unos treinta minutos 약 30분
  unas tres horas 약 3시간

어휘_방향, 위치

- 동   el este   에스떼
- 서   el oeste   오에스떼
- 남   el sur   수르
- 북   el norte   노르떼
- 여기에   aquí   아끼
- 거기에   ahí   아이
- 저기에   allí   아지
- 오른쪽에   a la derecha   아 라 데레차
- 왼쪽에   a la izquierda   아 라 이쓰끼에르다
- 위에   encima   엔씨마
- 아래에   debajo   데바호
- 앞에   delante   델란떼
- 뒤에   detrás   데뜨라스
- 정면에   enfrente   엔프렌떼
- 가까이   cerca   쎄르까
- 멀리   lejos   레호스
- 사이에   entre   엔뜨레
- 모퉁이에   en la esquina   엔 라 에스끼나
- 옆에   al lado   알 라도
- 주변에   alrededor   알레데도르
- 길   el camino   까미노
- 도로   la carretera   까레떼라
- 보도, 인도   la acera   아쎄라

¡스페인이 궁금해요!

스페인의 교육 제도

스페인의 학제는 총 3단계로 6년 과정의 초등교육(Educación Primaria)과 4년 과정의 중등교육 E.S.O(Educación Secundaria Obligatoria)의 의무교육이 시행된다. 즉 16세까지 의무교육 대상이다. 고등학교(Bachillerato 바치예라또)는 2년 과정으로 대학 입학 준비 과정이다. 대학에 입학하기 위해서는 수능시험(Selectividad 셀렉띠비닫)을 치러야 한다. 대학 교육은 2년제 전문대학교 과정(Diplomatura), 4년제 학사 과정(Licenciatura), 석사과정(Máster) 그리고 박사과정(Doctorado)이 있다. 최근 스페인 교육 시스템에서 2년제 과정은 사라지고 4년제 졸업 과정(grado 그라도)으로 통합되었다. 스페인의 유명한 공립 대학교로는 마드리드 콤플레텐세 국립 대학과 마드리드 자치 대학 등이 있다. 세비야 대학은 스페인에서 가장 큰 공공건물로 유명하고 살라망카는 스페인에서 가장 오래된 대학이 있는 도시로 유명하다. 국공립 대학교의 1년 학비는 약 1,500유로 정도이다.

마드리드 콤플레텐세
국립 대학교

세비야 대학

Capítulo 09

기타 서비스 장소

40. 미용실
41. 은행
42. 우체국
43. 부동산

보티네스 저택 Casa de los Botines

레온에 있는 저택으로 가우디가 카탈루냐 이외의 지역에 지은 몇 안 되는 건축물 중 하나. 중세 시대의 성을 연상케 하는 외관에 가우디 특유의 감성이 잘 섞여있다. 현재는 레온을 근거지로 하는 카하 에스파냐 은행(Banco de Caja España)의 본점으로 사용되고 있다

40. En la peluquería

미용실

대화

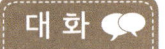

             엔   께 레 뿌에도 세르비르
Peluquero: ¿En qué le puedo servir?
          무엇을 도와 드릴까요?

             끼에로   꼬르따르메 엘 뻴로
Cliente: Quiero cortarme el pelo.
        안녕하세요. 머리를 자르고 싶어요.

             꼬모 끼에레 께 세 로 꼬르떼
Peluquero: ¿Cómo quiere que se lo corte?
          어떻게 잘라 드릴까요?

            끼에로 운 누에보 에스띨로 꼰 플레끼요 이 레플레호스
               땀비엔 끼에로 떼니르메
Cliente: Quiero un nuevo estilo, con flequillo y reflejos. También quiero teñirme.
        새로운 스타일로 원해요. 앞머리와 브릿지도 넣어 주세요. 염색도 하기를 원해요.

            꾸알 데 에스또스 꼴로레스 레 구스따
Peluquero: ¿Cuál de estos colores le gusta?
          이 칼라들 중 어떤 것이 맘에 드세요?

             메 구스따 에스떼 로호
Cliente: Me gusta este rojo.
        이 빨강색이 맘에 들어요.

Peluquero: Muy bien. ¿Qué tan corto lo quiere?
아주 좋아요. 얼마나 짧게 원하세요?

Cliente: No muy corto. Lo quiero hasta los hombros.
너무 짧게는 말구요. 어깨까지 길이를 원합니다.

Peluquero: ¿Así?
이렇게요?

Cliente: Sí, así está bien.
네, 그렇게 좋아요.

Peluquero: ¿Quiere que le seque el pelo con el secador?
드라이기로 머리를 말려 드릴까요?

Cliente: Sí, por favor.
네, 부탁합니다.

어휘

servir 세르비르 돕다, 거들다　cortarse 꼬르따르세 자르다
nuevo(a) 누에보 새로운　el estilo 에스띨로 스타일　el flequillo 플레끼요 앞머리
el reflejo 레플레호 부분 염색　teñirse 떼니르세 염색하다　el color 꼴로르 색깔
rojo 로호 빨강　tan 딴 그렇게, 그다지　corto 꼬르또 짧은　hasta 아스따 ~까지
el hombro 옴브로 어깨　el pelo 뻴로 머리카락　así 아시 그렇게, 이렇게
secar 세까르 말리다　el secador 세까도르 드라이기

기타 서비스 장소　**283**

생생 여행 TIP

스페인어로 미용실을 peluquería 뻴루께리아라고 부른다. 남성전용 이발소를 barbería 바르베리아, 남여성이 같이 이용할 수 있는 미용실은 peluquería unisex 뻴루께리아 우니섹스라고 한다. 스페인 여성들의 원래 머리카락의 색깔은 80%이상이 갈색(moreno)이나 유럽에서도 가장 염색을 많이 한다고 한다. 갈색머리(morena)는 로맨틱하고 우아하고, 금발(rubia)은 섹시하고 매혹적이며, 빨강머리(pelirroja)는 적극적인 성향이 있다는 고정관념을 갖고 있다. 스페인의 젊은 여성들은 아시아인들처럼 직모 스타일을 선호하는데 이런 헤어 스타일을 el alisado asiático(알리사도 아시아띠꼬 아시아식 스트레이트)라고 한다.

스페인 미용실 peluquería

부분 염색 mechas

빨강머리 pelirroja

금발 rubia

- **Quiero cortarme el pelo.** 머리를 자르고 싶어요.

  Quiero hacerme la permanente. 파마를 하고 싶어요.

  Quiero teñirme. 염색하고 싶어요.

  Quiero cortarme las puntas. 끝만 다듬어 주세요.

  Quiero hacerme mechas. 부분 염색을 하고 싶어요.

- **¿Cómo quiere que se lo corte?** 어떻게 잘라 드리길 원하세요?

  〈¿Cómo quiere que (yo) + 접속법 동사?〉은 "제가 어떻게 ~해 드리길 원하시나요?"를 의미.

  ¿Cómo quiere que le tiña? 어떻게 염색해 주길 원하세요?

- **¿Qué tan corto lo quiere?** 얼마나 짧게 원하시나요?

  Lo quiero hasta los hombros. 어깨 길이까지 원합니다.

  Lo quiero muy corto. 아주 짧게 잘라 주세요.

  Lo quiero solo hasta aquí. 여기까지만 잘라 주세요.

- **¿Quiere que le seque el pelo?** 머리를 말려 드릴까요?

  〈Quiero que usted + 접속법 동사〉는 "당신이 ~해 주길 원합니다"를 의미.

  Quiero que me lave el pelo. 머리를 감겨 주세요.

  Quiero que me seque el pelo. 머리를 말려 주세요.

  Quiero que me traiga un vaso de agua. 물 한 잔만 갖다 주세요.

  Quiero que me pinte las uñas. 손톱 매니큐어 해 주세요.

어휘_미용

- 미용실   la peluquería   뻴루께리아
- 미용사   el(la) peluquero(a)   뻴루께로(라)
- 이발소   la barbería   바르베리아
- 이발사   el barbero   바르베로
- 머리 빗질   el peinado   뻬이나도
- 가위   las tijeras   띠헤라스
- 헤어젤   el gel para el pelo   헬 빠라 엘 뻴로
- 헤어로션   la loción para el pelo   로씨온 빠라 엘 뻴로
- 헤어스프레이   la laca   라까
- 드라이   el secado   세까도
- 손톱손질   la manicura   마니꾸라
- 패디큐어   la pedicura   뻬디꾸라
- 커트   el corte   꼬르떼
- 염색하기   el teñido   떼니도
- 염색   el tinte   띤떼
- 부분 염색   las mechas   메차스
- 파마   la permanente   뻬르마넨떼
- 컬링   el rizado   리싸도
- 스트레이트   el alisado   알리사도(약품으로)
- 스트레이트   el planchado   쁠란차도(고데기로)
- 샴푸하기   el lavado   라바도
- 면도   el afeitado   아페이따도
- 흰머리, 새치   las canas   까나스

¡ 스페인이 궁금해요!

스페인의 12월 31일

12월 31일 밤을 스페인어로 Nochevieja 노체비에하라고 한다. 31일 밤에는 가족들끼리 모여 대만찬을 즐긴다. 디저트로는 트롱코(tronco)라고 하는 초콜릿 케이크를 먹는다. 밤 12시가 되면 제야의 종이 12번 울리는데, 새 해가 밝기 12초 전에 새 해에 행운을 가져다 줄 포도(uvas 우바스) 열두 알을 먹어야 한다. 제야의 종이 울리면 모두 샴페인으로 축배를 들고 새해의 희망을 빌며 사랑하는 사람들에게 새해 인사를 건넨다. 새 해 인사말이 바로 "¡Feliz Año Nuevo!" 펠리쓰 아뇨 누에보이다. 마드리드의 푸에르타 델 솔 광장은 포도를 먹기 위한 아주 좋은 장소이다. 수 천명의 사람들이 광장에 모여 포도를 먹고 샴페인을 터트리며 새 해를 축하하며 밤새도록 파티를 즐긴다. 그 다음 날 아침은 숙취 해소를 위한 해장 음식인 초콜라테와 추로스(chocolate con churros)를 먹으며 새 해를 맞이한다.

마드리드 푸에르타 델 솔 광장

추로스와 초콜라테

마드리드 산 히네스 추로스 가게(1894~) chocolatería

기타 서비스 장소

41. En el banco

은행

대화

엔 께 레 뿌에도 아유다르
Empleado: ¿En qué le puedo ayudar?
무엇을 도와 드릴까요?

메 구스따리아 아브리르 우나 꾸엔따 뽀르 파보르
Cliente: Me gustaría abrir una cuenta, por favor.
계좌를 하나 열고 싶어서요.

무이 비엔 께 띠뽀 데 꾸엔따 데세아
Empleado: Muy bien. ¿Qué tipo de cuenta desea?
알겠습니다. 어떤 종류의 계좌를 원하시나요?

우나 꾸엔따 데 아오로스
Cliente: Una cuenta de ahorros.
저축예금계좌요.

페르펙또 꾸안또 끼에레 잉그레사르
Empleado: Perfecto. ¿Cuánto quiere ingresar?
아주 좋습니다. 얼마를 예금하실 건가요?

끼니엔또스 에우로스
Cliente: 500(quinientos) euros.
500유로요.

발레 메 데하 수 까르네 데 이덴띠닫 뽀르 파보르
Empleado: Vale. ¿Me deja su carné de identidad, por favor?
네, 신분증 주시겠어요?

Cliente: Tengo el pasaporte y el carné de conducir.
여권과 운전 면허증 있어요.

Empleado: También necesitamos un comprobante de su domicilio, como el recibo de teléfono, del agua o de la luz.
전화세 영수증, 수도세나 전기세 영수증과 같은 거주지 증명서도 필요합니다.

Cliente: Pues no tengo ninguno de esos documentos. Volveré mañana.
음, 그런 서류는 한 개도 없는데요. 내일 다시 오겠습니다.

Empleado: Vale, hasta mañana.
네, 내일 뵐게요.

어휘

gustar 구스따르 좋아하다 la cuenta 꾸엔따 계좌 el tipo 띠뽀 종류
desear 데세아르 원하다 abrir 아브리르 열다, 개설하다
el ahorro 아오로 저축, 저금 ingresar 잉그레사르 입금하다
dejar 데하르 주다, 빌려주다 el carné de identidad 까르네 데 이덴띠닫 신분증
el carné de conducir 까르네 데 꼰두씨르 운전면허증
el comprobante 꼼쁘로반떼 증명서 el domicilio 도미씰리오 주소
el recibo 레씨보 영수증 el teléfono 뗄레포노 전화 el agua 아구아 물
la luz 루쓰 전기 ninguno 닝구노 아무것 el documento 도꾸멘또 서류
volver 볼베르 돌아오다 mañana 마냐나 내일

생생 여행 TIP

은행 영업시간은 평일에는 8:00~14:00, 토요일은 8:30~13:00이다. 현금 자동 지급기 (ATM)은 은행 내부 혹은 외부에도 설치가 되어 있으며 24시간 연중 휴무로 이용할 수 있다.

비자와 외국인 주민 등록증인 NIE(Número de Identidad de Extranjero)가 있는 경우에는 거주자 계좌를 열 수 있으며, 여권밖에 없는 여행자 신분일 경우에는 경찰서에서 비거주자 증명서(Certificado de no residente)를 발급 받으면 비거주자 계좌를 개설할 수 있다. 은행을 통해 대신 증명서 발급을 신청할 수 있으나 약 20유로 내외의 수수료를 지급해야 한다.

스페인 은행 la Caixa

ATM기

Santander 은행

BBVA 은행

- **Me gustaría abrir una cuenta.** 계좌를 계설하고 싶습니다.
  〈Me gustaría + 동사원형〉은 "저는 ~을 하고 싶습니다."의 표현.
  Quiero abrir una cuenta corriente. 보통예금계좌를 개설하고 싶습니다.
  Deseo pedir un préstamo. 대출을 신청하고 싶습니다.

- **¿Cuánto quiere ingresar?** 얼마를 입금하시길 원하세요?
  ¿Cuánta cantidad quiere ingresar? 얼마를 입금하시길 원하세요?
  ¿Cuánto quiere retirar? 얼마를 출금하시길 원하세요?
  ¿Cuánto dinero quiere transferir? 얼마를 계좌이체 하시길 원하세요?

- **¿Me deja su carné de identidad?** 신분증 보여주시겠어요?
  ¿Tiene algún documento de identificación? 어떤 신분 증명 서류가 있습니까?
  ¿Tiene el DNI? 신분증 있으세요?
  *DNI: Documento Nacional de Identidad

- **Necesitamos un comprobante de domicilio.** 거주지 증명서가 필요합니다.
  Se necesita un comprobante de domicilio. 거주지 증명서가 필요합니다.

- **Volveré mañana.** 내일 다시 오겠습니다.
  Voy a volver mañana. 내일 다시 올게요.

어휘_은행

한국어	스페인어	발음
• 계좌 번호	el número de cuenta	누메로 데 꾸엔따
• 계좌 개설	la apertura de la cuenta	아뻬르뚜라 데 라 꾸엔따
• ATM기	el cajero automático	까헤로 아우또마띠꼬
• 비밀번호	la clave	끌라베
• 입금	el ingreso	잉그레소
• 인출	el retiro	레띠로
• 계좌 이체	la transferencia	뜨란스페렌씨아
• 잔고조회	la solicitud de saldo	솔리시뚣 데 살도
• 당좌예금계좌	la cuenta corriente	꾸엔따 꼬리엔떼
• 저축예금계좌	la cuenta de ahorros	꾸엔따 데 아오로스
• 현금직불카드	la tarjeta de débito	따르헤따 데 데비또
• 신용카드	la tarjeta de crédito	따르헤따 데 끄레디또
• 이자	el interés	인떼레스
• 대출	el préstamo	쁘레스따모
• 수수료	la comisión	꼬미시온
• 입금하다	ingresar	잉그레사르
• 출금하다	retirar	레띠라르
• 계좌이체하다	transferir	뜨란스페리르
• (카드를) 삽입하다	introducir	인뜨로두씨르
• (번호를) 누르다	marcar, presionar	마르까르, 쁘레시오나르
• (돈을) 세다	contar	꼰따르
• 금액	el importe	임뽀르떼
• 명세서	el comprobante	꼼쁘로반떼
• 신분증	DNI	데에네이

 ¡ 스페인이 궁금해요!

스페인의 선호직업

스페인의 경제 위기로 인한 청년 실업문제가 대두되면서 공부도 하지 않고 일도 하지 않는 일명 청년백수(nini 니니)세대가 사회적인 문제가 되고 있다. 스페인 사회 전반에서 생산 및 교육 시스템의 결여와 그동안 서비스업과 건축 분야에서만 의존해온 결과라고 할 수 있다. 고등교육을 받은 사람들의 실업률이 비교적 높은 편이다. 임시계약직과 저임금 근로자 mileurista(밀에우리스따 1000유로를 받는 청년들을 일컫는 말)들은 계속 증가하고 있다. 따라서 해외취업과 이민 역시 증가하는 추세다.

스페인 사람들의 선호하는 직업으로는 엔지니어, 수의사나 치과의사, 무역전문가, 컴퓨터 프로그래머, 마케팅 전문가 등이 유망직종으로 떠오르고 있다. 고용 불안의 증가로 공무원 응시생도 매년 증가하고 있다. 아이들의 장래희망은 주로 스포츠나 건강, 교육 및 동물과 연관된 직업이 많다. 축구선수, 선생님, 경찰, 수의사, 여배우, 미용사 등이 되고 싶어한다. 대부분의 부모님들이 자신의 아들을 축구에 재능이 있는지 알아보려고 축구를 시켜본다고 한다.

바르셀로나 지역
유소년팀

42. En la oficina de correos

우체국

대화

<small>엔 께 뿌에도 아유다르레</small>
Empleado: ¿En qué puedo ayudarle?
무엇을 도와 드릴까요?

<small>끼에로 엔비아르 에스떼 빠께떼 뽀르 파보르</small>
Cliente: Quiero enviar este paquete, por favor.
이 소포를 좀 발송하고 싶습니다.

<small>끼에레 엔비아르로 뽀르 꼬레오 노르말 오 우르헨떼</small>
Empleado: ¿Quiere enviarlo por correo normal o urgente?
보통우편요 아니면 속달우편으로 보내실 거예요?

<small>뽀르 꼬레오 우르헨떼 뽀르 파보르</small>
Cliente: Por correo urgente, por favor.
속달우편으로 부탁합니다.

<small>무이 비엔 레예네 에스떼 포르물라리오 이 꾸안도 떼르미네 부엘바 아 에스따 벤따니야</small>
Empleado: Muy bien. Rellene este formulario y cuando termine, vuelva a esta ventanilla
알겠습니다. 이 양식 작성하시고 다 작성하시면, 이 창구로 다시 오세요.

<small>끄레오 께 야 에스따 아시 에스따 비엔</small>
Cliente: Creo que ya está. ¿Así está bien?
제 생각엔 이제 다 된 것 같아요. 이렇게 하면 돼요?

Empleado: Sí, muy bien. ¿Algo más?
네, 아주 좋아요. 다른 거 또 필요한 거 있어요?

Cliente: Sí, también quiero mandar esta carta.
네, 이 편지도 부치고 싶어요.

Empleado: ¿Quiere mandarla por correo normal o correo certificado?
보통우편이요 아니면 등기로 보내실 거예요?

Cliente: Por correo certificado.
등기로 부탁합니다.

Empleado: Son 15,70(quince con setenta) euros en total.
15.70유로입니다.

어휘

enviar 엔비아르 보내다, 발송하다   el paquete 빠께떼 소포
el correo normal 꼬레오 노르말 보통우편
el correo urgente 꼬레오 우르헨떼 속달우편   rellenar 레예나르 작성하다
el formulario 포르물라리오 용지, 신청서   terminar 떼르미나르 끝내다
volver 볼베르 돌아오다   la ventanilla 벤따니야 창구   ya 야 이미, 벌써, 이제
así 아씨 그렇게, 이렇게   algo 알고 무엇인가   mandar 만다르 보내다
la carta 까르따 편지   el correo certificado 꼬레오 쎄르띠피까도 등기우편

생생 여행 TIP

우체국은 Correos 꼬레오스라고 하고, 영업시간은 평일에는 오전 9시부터 오후 2시까지, 토요일에는 오후 1시까지이다. 한국으로 보내는 편지나 엽서의 항공우편요금은 약 1유로이며 우표는 Estanco 에스땅꼬에서 살 수 있다.

대부분의 공공기관들도 9시에서 2시까지 오전 근무만 하기 때문에 되도록이면 오전에 모든 업무를 보도록 해야 한다. 일요일엔 슈퍼마켓이나 마트 등도 문을 닫기 때문에 토요일까지 꼭 장을 봐놓도록 해야 한다. 우리나라와 같이 24시간 개방하거나 영업하는 편의점 및 식당이나 가게들은 찾아보기 힘들다. 영업시간이 우리나라와 다르고 제한되어 있어 한국의 편안함에 익숙해진 여행자들은 많은 불편을 겪을 수도 있으므로 스케줄을 잘 숙지하고 있어야 한다.

마드리드 우체국

세비야 우체국

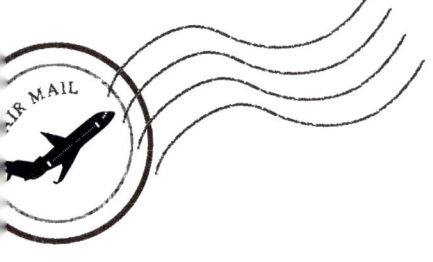

사자머리 우체통

- Quiero enviar este paquete, por favor. 이 소포를 발송하고 싶습니다.

  Deseo enviar esta carta, por favor. 이 편지를 보내고 싶습니다.

  Me gustaría enviar este paquete. 이 소포를 발송하고 싶습니다.

- Quiero enviar este paquete por correo urgente. 이 소포를 속달우편으로 발송하고 싶어요.

  Quiero enviar esta carta por correo certificado. 이 편지를 등기로 보내고 싶어요.

  Deseo enviar este paquete por correo normal. 이 소포를 보통우편으로 보내고 싶어요.

- Cuando termine, vuelva a esta ventanilla. 끝내시면, 이 창구로 오십시오. (usted에 대한 명령)

  Cuando termines, vuelve a esta ventanilla. 끝나면, 이 창구로 와요. (tú에 대한 명령)

- Creo que ya está. 내 생각엔 다 된 것 같아요.

  〈Creo que 주어 + 동사〉은 "내 생각에는 ~한 것 같아요"의 회화 표현.

  Creo que ya he terminado. 제 생각에는 다 끝난 것 같아요.

  Creo que no lo he entendido. 제 생각에는 이해를 못한 것 같아요.

- ¿Así está bien? 이렇게 하는 거 맞아요?

  Así está bien. 그렇게 맞아요.

  Así está correcto. 그렇게 맞아요.

  Sí, así es. 네, 그렇습니다.

어휘 _우편, 전화

• 우표	el sello	세요
• 편지	la carta	까르따
• 소포	el paquete postal	빠께떼 뽀스딸
• 주소	la dirección	디렉씨온
• 수취인	el destinario	데스띠나리오
• 발송인	el remitente	레미뗀떼
• 봉투	el sobre	소브레
• 창구	la ventanilla	벤따니야
• 우체통	el buzón	부쏜
• 엽서	la postal	뽀스딸
• 항공우편	el correo aéreo	꼬레오 아에레오
• 배편으로	por barco	뽀르 바르꼬
• 항공편으로	por avión	뽀르 아비온
• 우편번호	el código postal	꼬디고 뽀스딸
• 보통우편	el correo normal	꼬레오 노르말
• 속달우편	el correo urgente	꼬레오 우르헨떼
• 등기우편	el correo certificado	꼬레오 쎄르띠피까도
• 휴대전화	el teléfono móvil	뗄레포노 모빌
• 전화번호	el número de teléfono	누메로 데 뗄레포노
• 장거리 전화	la llamada de larga distancia	야마다 데 라르가 디스딴씨아
• 음성 메시지	el mensaje de voz	멘사헤 데 보쓰
• 문자 메시지	el mensaje de texto	멘사헤 데 떽스또
• 전화 카드	la tarjeta telefónica	따르헤따 뗄레포니까
• 내선번호	el número de extensión	누메로 데 엑스뗀시온

¡ 스페인이 궁금해요!

스페인의 주소체계 Nombres de calles y direcciones

스페인에서 거리는 한 쪽 거리는 홀수, 다른 편 거리는 짝수로 표기되어 있다. "거리 이름 + 번지수 + 층수 + 문 번호" 순으로 표기한다. 간단하게 거리 이름과 번지수만을 사용하여 "Vivo en la calle Puerto Rico, 51"(푸에르토 리코 거리의 51번지에 살아)라고 말하면 된다. 층수는 (primero 1층, segundo 2층, tercero 3층, cuarto 4층, quinto 5층...) 등을 사용하고, 문 번호는 (primera 1호, segunda 2호, tercera 3호... 혹은 derecha 오른쪽, izquierda 왼쪽, 혹은 A, B, C...)등으로 표기한다.

거리 이름이나 가게, 시설 및 기관들의 이름은 역사적 사건이나 역사적 인물 또는 문학작품의 인물들을 인용하여 사용되는 경우가 많다. Plaza Dos de Mayo, Calle Frida Kahlo, Hotel Alfonso X, Hostal Reyes Católicos, Bar Dulcinea 등의 아름다운 간판들을 찾아볼 수 있다. 세상에서 가장 아름다운 우체국 건물로 유명한 마드리드 시벨레스 광장에 위치한 시벨레스 궁(Palacio de Cibeles)은 예전엔 중앙 우체국 건물로 사용되었으나 현재는 마드리드 시청 청사로 사용되고 있다.

마드리드 시벨레스 궁

까르멘 거리

노란색 우체통

43. En la agencia inmobiliaria

부동산

대화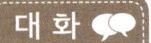

께 띠뽀 데 알로하미엔또 에스따 부스깐도
Agente: ¿Qué tipo de alojamiento está buscando?
어떤 종류의 숙박시설을 찾고 있나요?

끼에로 알낄라르 운 삐소
Cliente: Quiero alquilar un piso.
아파트를 렌트하기를 원합니다.

엔 께 쏘나 로 끼에레
Agente: ¿En qué zona lo quiere?
어느 지역을 원하세요?

끼에로 운 삐소 엔 엘 센뜨로 데 라 씨우닫
Cliente: Quiero un piso en el centro de la ciudad.
도시 시내 아파트를 원합니다.

꾸안또 디네로 에스따 디스뿌에스또 아 빠가르
Agente: ¿Cuánto dinero está dispuesto a pagar?
얼마를 지불할 수 있나요?

에스또이 디스뿌에스또 아 빠가르 노 마스 데 세떼씨엔또스
싱꾸엔따 에우로스 알 메스
Cliente: Estoy dispuesto a pagar no más de 750(setecientos cincuenta) euros al mes.
월세 최대 750유로까지 지불할 수 있습니다.

Agente: ¿De cuántas habitaciones quiere?
몇 개의 방을 원하시나요?

Cliente: Como mínimo, de dos habitaciones.
적어도 두 개요.

Agente: Vamos a ver. Tenemos este piso.
어디 봅시다. 이 아파트가 있습니다.

Cliente: ¿Cuánto es el alquiler?
집세는 얼마입니까?

Agente: El alquiler es de 730(setecientos treinta) euros al mes y hay que dejar una fianza de un mes.
월세는 730유로이고 한 달치 보증금을 내셔야 합니다.

Cliente: Perfecto. Me gustaría visitarlo.
완벽해요. 그 아파트를 방문해 보고 싶습니다.

어휘

el alojamiento 알로하미엔또 숙박　buscar 부스까르 찾다
el piso 삐소 아파트　alquilar 알낄라르 임대하다　la zona 쏘나 지역
el centro 쎈뜨로 중심지　la ciudad 씨우닫 도시　cuánto 꾸안또 얼마나 많이
el dinero 디네로 돈　dispuesto 디스뿌에스또 준비된　pagar 빠가르 지불하다
el mes 메스 달,월　la habitación 아비따씨온 방
como mínimo 꼬모 미니모 최소한,적어도　el alquiler 알낄레르 집세
dejar 데하르 남겨두다　la fianza 피안싸 보증금　visitar 비시따르 방문하다

여행 TIP

스페인 사람들은 주택보다 아파트를 선호한다. 셰어하우스(piso compartido 삐소 꼼빠르띠도)형태로 많이 사는데 개인 방이 따로 있고 주방, 화장실, 거실 등의 공동 공간을 같이 사용하는 형태를 말한다. 타지에서 공부하거나 일하는 사람들이나 싱글인 경우, 경제적인 이유 혹은 개인적 취향 등으로 인해서이다. 외국인들은 원룸이나 기숙사보다는 셰어하우스 하는 것이 사람들과 어울릴 수 있는 기회를 더 많이 가질 수 있고 스페인어를 더 많이 쓸 수 있다는 측면에서 장점이 된다. 단, 셰어하우스 함에 있어 몇 달치의 보증금(fianza 피안싸)를 원하는지, 전기세(luz)나 수도세(agua)등이 집세에 포함되어 있는지 등의 여부 등을 잘 확인해서 계약해야 한다. 차후 문제점들이 생기지 않도록 같이 사는 집주인이나 동료들의 취향이나 요구사항 등을 잘 고려해서 선택해야 한다.

셰어하우스 거실

셰어하우스 주방

옥상 야외 수영장

- ¿Qué tipo de alojamiento está buscando? 어떤 종류의 집을 찾고 있습니까?

    ¿Qué tipo de alojamiento busca? 어떤 종류의 집을 찾나요?

    ¿Qué tipo de alojamiento quiere? 어떤 종류의 집을 원해요?

- Quiero alquilar un piso. 아파트를 임대하고 싶습니다.

    Quiero comprar una casa. 주택을 사고 싶습니다.

    Quiero vender un estudio. 원룸을 팔고 싶습니다.

- ¿Cuánto dinero está dispuesto a pagar? 얼마를 지불할 용의가 있습니까?

    〈Estar dispuesto a + 동사원형〉은 "~할 준비가 된, 용의가 있는"을 의미.

    ¿Cuánto dinero puede pagar? 얼마를 지불할 수 있습니까?

    Estoy dispuesto a pagar hasta 300 euros al mes. 한 달에 300유로까지 지불할 용의가 있어요.

- Hay que dejar una fianza de un mes. 한 달치의 보증금을 내셔야 합니다.

    Debería dejar una fianza de dos meses. 두 달치의 보증금을 내셔야 합니다.

    Necesitamos una fianza para un mes. 한 달치의 보증금이 필요합니다.

- Me gustaría visitar ese piso. 그 아파트를 한 번 보고 싶습니다.

    Me gustaría ver el piso. 그 아파트를 보고 싶습니다.

    Quiero ver el piso. 아파트를 보고 싶어요.

어휘_주택

- 주택   la casa   까사
- 아파트   el piso   삐소
- 원룸   el estudio   에스뚜디오
- 콘도   el condominio   꼰도미니오
- 별장   el chalé   찰레
- 풀옵션   amueblado   아무에블라도
- 방   la habitación, el cuarto   아비따씨온, 꾸아르또
- 거실   el salón   살론
- 테라스   la terraza   떼라싸
- 서재   el despacho   데스빠초
- 꼭대기 방   el ático   아띠꼬
- 지하   el sótano   소따노
- 히터, 난방   la calefacción   깔레팍씨온
- 에어컨   el aire acondicionado   아이레 아꼰디씨오나도
- 층   el piso   삐소
- 엘리베이터   el ascensor   아쎈소르
- 주차장   el garaje   가라헤
- 뜰, 마당   el patio   빠띠오
- 정원   el jardín   하르딘
- 옥상   la azotea   아쏘떼아
- 경비실   la portería   뽀르떼리아

¡스페인이 궁금해요!

스페인의 생일파티

파티가 늘 일상인 스페인에서는 생일 파티가 그렇게 중요하게 여겨지지 않는다. 스페인에서는 생일을 맞는 사람이 친구들을 식사 초대를 하거나 맥주 한 잔 또는 커피나 도넛 등을 사주는 게 일반적이다. 따라서 친구의 생일에 초대를 받아갈 때에는 선물을 꼭 챙겨가야 한다. 직장에서 커피 또는 과자 등을 대접받는 경우에는 그냥 감사의 인사만 하면 된다. 생일파티가 아닌 경우에도 식사초대를 받으면 와인이나 케이크 등을 사가는 것이 예의이다. 초대를 받은 후 따로 감사의 카드나 편지를 쓰거나 감사의 인사를 반드시 전하기 보다는 음식에 대해 맛있다고 칭찬을 한다거나 다음 번에 저녁식사에 초대할 것을 약속 받는 것을 더 좋아한다. 친구 생일이 되면 ¡Felicidades!(펠리씨다데스 축하해) 라고 인사를 건네보자. 다음 생일 축하 노래를 스페인어로 불러보자!

Cumpleaños feliz 꿈쁠레아뇨스 펠리쓰 생일 축하합니다
Cumpleaños feliz 꿈쁠레아뇨스 펠리쓰 생일 축하합니다
Te deseamos todos 떼 데세아모스 또도스 우리 모두가 소망합니다
Cumpleaños feliz 꿈쁠레아뇨스 펠리쓰 행복한 생일이 되길~

Saber es poder.
아는 것이 힘이다

Querer es poder.
뜻이 있는 곳에 길이 있다

El ejercicio hace maestro.
연습이 대가를 만든다

El tiempo es oro.
시간은 금이다

Más vale tarde que nunca.
늦더라도 안 하느니 보다 낫다

No dejes para mañana lo que puedes hacer hoy.
오늘 할 일을 내일로 미루지 말라

Alcanza quien no cansa.
포기 하지 않는 사람이 성공한다

Sarna con gusto no pica.
좋아서 하는 일은 힘들지 않다

Obra empezada, media acabada.
시작이 반

No hay bien ni mal que cien años dure.
백 년 가는 선도 악도 없다 (시간이 약이다)

A mal tiempo, buena cara.
나쁜 날에 좋은 얼굴 (웃으면 복이 온다)

Las cuentas claras, la amistad larga.
계산이 정확해야 우정이 오래간다

La cabra siempre tira al monte.
세 살 버릇 여든까지 간다

Las paredes oyen.
낮 말은 새가 듣고 밤 말은 쥐가 듣는다

Donde fuere, donde viere.
로마에 가면 로마 법을 따르라

Años de nieves, años de bienes.
고생 끝에 낙이 온다

Todos los caminos llegan a Roma.
모로 가도 서울만 가면 된다

A Dios rogando y con el mazo dando.
하늘은 스스로 돕는 자를 돕는다

Ojos que no ven, corazón que no siente.
눈에서 멀어지면 마음에서도 멀어진다

Más vale prevenir que curar.
유비무환

El ver es creer.
백문이 불여일견

Mente sana en cuerpo sano.
건강한 신체에 건강한 정신

Mucho ruido y pocas nueces.
빈 수레가 요란하다

Al que madruga, Dios lo ayuda.
일찍 일어나는 새가 벌레를 잡는다

Quien mucho abarca, poco aprieta.
두 마리 토끼를 잡으려다 한 마리도 못 잡는다

En boca cerrada no entran moscas.
침묵은 금

Muchos pocos hacen un mucho.
티끌 모아 태산

El arte es duradero, la vida es corta.
예술은 길고 인생은 짧다

A grandes males, grandes remedios.
하늘이 무너져도 솟아날 구멍이 있다

No hay mal que por bien no venga.
궂은 날이 있으면 좋은 날도 있다